经理人下午茶系列 14

有效领导

《哈佛管理前沿》
《哈佛管理通讯》 编辑组 编

侯剑 李特朗 译

商务印书馆
2008年·北京

BECOMING AN EFFECTIVE LEADER

Original work copyright © Harvard Business School Publishing Corporation.

Published by arrangement with Harvard Business School Press.

图书在版编目(CIP)数据

有效领导/《哈佛管理前沿》《哈佛管理通讯》编辑组编;侯剑,李特朗译. — 北京:商务印书馆,2008
(经理人下午茶系列)
ISBN 978-7-100-05524-6

I. 有… II. ①哈…②侯…③李… III. 企业领导学 IV. F272.91

中国版本图书馆 CIP 数据核字(2007)第 091479 号

所有权利保留。
未经许可,不得以任何方式使用。

有 效 领 导
《哈佛管理前沿》《哈佛管理通讯》编辑组 编
侯剑 李特朗 译

商 务 印 书 馆 出 版
(北京王府井大街36号 邮政编码 100710)
商 务 印 书 馆 发 行
北京瑞古冠中印刷厂印刷
ISBN 978-7-100-05524-6

2008 年 7 月第 1 版　　　开本 650×1000 1/16
2008 年 7 月北京第 1 次印刷　印张 13¼
印数 5 000 册

定价:28.00 元

商务印书馆—哈佛商学院出版公司经管图书翻译出版咨询委员会

(以姓氏笔画为序)

方晓光　盖洛普(中国)咨询有限公司副董事长
王建铆　中欧国际工商学院案例研究中心主任
卢昌崇　东北财经大学工商管理学院院长
刘持金　泛太平洋管理研究中心董事长
李维安　南开大学商学院院长
陈国青　清华大学经管学院常务副院长
陈欣章　哈佛商学院出版公司国际部总经理
陈　儒　中银国际基金管理公司执行总裁
忻　榕　哈佛《商业评论》首任主编、总策划
赵曙明　南京大学商学院院长
涂　平　北京大学光华管理学院副院长
徐二明　中国人民大学商学院院长
徐子健　对外经济贸易大学副校长
David Goehring　哈佛商学院出版社社长

致中国读者

哈佛商学院经管图书简体中文版的出版使我十分高兴。2003年冬天,中国出版界朋友的到访,给我留下十分深刻的印象。当时,我们谈了许多,我向他们全面介绍了哈佛商学院和哈佛商学院出版公司,也安排他们去了我们的课堂。从与他们的交谈中,我了解到中国出版集团旗下的商务印书馆,是一个历史悠久、使命感很强的出版机构。后来,我从我的母亲那里了解到更多的情况。她告诉我,商务印书馆很有名,她在中学、大学里念过的书,大多都是由商务印书馆出版的。联想到与中国出版界朋友们的交流,我对商务印书馆产生了由衷的敬意,并为后来我们达成合作协议、成为战略合作伙伴而深感自豪。

哈佛商学院是一所具有高度使命感的商学院,以培养杰出商界领袖为宗旨。作为哈佛商学院的四大部门之一,哈佛商学院出版公司延续着哈佛商学院的使命,致力于改善管理实践。迄今,我们已出版了大量具有突破性管理理念的图书,我们的许多作者都是世界著名的职业经理人和学者,这些图书在美国乃至全球都已产生了重大影响。我相信这些优秀的管理图书,通过商务印书馆的翻译出版,也会服务于中国的职业经理人和中国的管理实践。

20多年前,我结束了学生生涯,离开哈佛商学院的校园走向社会。哈佛商学院的出版物给了我很多知识和力量,对我的职业生涯产生过许多重要影响。我希望中国的读者也喜欢这些图书,并将从中获取的知识运用于自己的职业发展和管理实践。过去哈佛商学院的出版物曾给了我许多帮助,今天,作为哈佛商学院出版公司的首席执行官,我有一种更强烈的使命感,即出版更多更好的读物,以服务于包括中国读者在内的职业经理人。

在这么短的时间内,翻译出版这一系列图书,不是一件容易的事情。我对所有参与这项翻译出版工作的商务印书馆的工作人员,以及我们的译者,表示诚挚的谢意。没有他们的努力,这一切都是不可能的。

哈佛商学院出版公司总裁兼首席执行官

万季美

目录

序言 ... 001

第一部分　领导们该做什么，不该做什么？ ... 017

1. 你能从杰克·韦尔奇身上学到什么？
   　　　　　　　　　　　　沃尔特·凯奇尔　018
2. 现代领导的责任——罗纳德·海费茨访谈　030
3. 权威为何仍然重要　　　　洛伦·加里　042
4. 用平衡记分卡领导和管理团队
   　　　　　　　　　　罗伯特·S.卡普兰　048

第二部分　个人英雄主义领导：正在消失的一代 ... 061

1. 没时间闲聊　　　　　　沃尔特·凯奇尔　062
2. 权力——在公司变革时期意味着什么？
   　　　　　　　　　　　　　洛伦·加里　068
3. 领导应该是什么样？　　　　约翰·欣茨　078
4. 比尔·乔治谈真正的领导　　　　　　　090
5. 实用主义领导的赞歌　　　洛伦·加里　096
6. 后英雄主义领导的10个神话以及他们为何会犯错　　　　　　　　　　戴维·斯托弗　106

目录 CONTENTS

第三部分　走好第一步 119

1. 琳达·A.希尔的述职——提升新领导的起点
   　　　　　　　　　　　　劳伦·凯勒·约翰逊　120
2. 提升自己　　　　　　　　　洛伦·加里　128
3. 快速进入角色　　　　埃里克·麦克纳尔蒂　136
4. 赢得精彩　　　　　　珍妮弗·麦克法兰　144

第四部分　作出最好的决策 153

1. 当今领导的三项技能　　　　　　　　　　154
2. 领导们应该让自己知道什么？
   　　　　　　　　　　　　保罗·米歇尔曼　162
3. 卓越人士的危险　　　罗伯特·B.西奥迪尼　172

第五部分　有效沟通 181

1. 语言：丘吉尔的领导之术　　　尼克·瑞顿　182
2. 当今领导沟通三秘诀　贾尼丝·奥布乔维奇　192

作者简介　　　　　　　　　　　　　　　　200

序　言

　　祝贺你！作为人生中的第一次，你刚刚被提到了领导的位置。你已经将这个好消息与家人和朋友分享，放任自己为以前的成就而自得，并且开始设想如何睿智地行使自己的权力。你知道，领导一个小组、部门或是单位将会面临各种各样的新挑战，但是你有自信能取得成功；或者你已经在领导岗位上工作了一段时间，但你决定提高自己的技能以便能更好地应对公司出现的新挑战。

　　不管怎样，你需要自信来使自己努力的效果最佳，但是同时你也需要更加现实、更加准确地了解领导实际上怎么当，他们怎么运作、怎样提高领导能力以及怎样为公司争取最好的结果。领导的内涵正在发生变化，很多新上任的领导，甚至是很多老领导对于其工作的理解都已经跟不上时代。而这样的结果是他们不能最有效地领导下属或自己，而他们的公司也将为此付出代价。

领导能力：一个不断变化的概念

毋庸置疑的是：领导能力的内涵已经发生了改变。但是，很多商业人士却没能跟上这种变化。举例来说，很多领导都错误地认为只要将命令下达给下属就可以实现公司的目标了。但这是不对的。在今天这样一个推崇组织结构和决策局部化的时代，仅仅命令别人干这干那已经不像过去那样有效了。当然，别人可能遵从你的指令，但这可能只是装装样子罢了。尽管会表现出服从于你的样子，但是他们不会真心地合作。而且，像一个独裁者一样行事只会让员工的创造性消失殆尽，而创造性对于企业的竞争力又是至关重要的因素。和企划员工开动脑筋想出新点子相比，单纯地命令员工只会让他们感到害怕，从而只是表面上作出服从的样子。

今天，领导不再只是单向的发号施令。他们更倾向于动员人们去面对新挑战，而这需要人们养成新习惯、形成新价值观、更优先地关注或是开创一种全新的业务方式。新的领导方式是通过别人来实现目标，通过鼓励他人来承担责任，完成只有他们才能完成的工作。新的领导方式是要创造一种令人信服的局面，但是由员工来决定怎样实现。新的领导方式是要在正确的地方引入正确的结构，实施正确的流程，这样你的员工可以磨炼自己的技能，使自己的工作更加完善，这样或许有朝一日他们也能成为领导。

一个只想着发号施令或事事亲为的领导不是一个真正意义上的领导。毕竟，正如有关专家指出的，解决方案不会解决任何问题，除非它们"活"在人们的行为之中。这句话的意思是领导必须帮助别人学会如何解决问题和提出解决方案。

除了这些不断变化的领导理念，由于某些特定的经济和文化力量的影响，员工关于完美领导的概念也会有差异。举例来说，随着变化的速度越来越快，很多商务人士的观念还停留在危机思维定势上，这会使得员工总是倾向于向老总要答案。而且，至少在美国，有这样一种文化传统，它鼓吹的是那些表现出英雄气概、有号召力的领导、能答出所有问题的领导以及创造奇迹的领导。让我们来看看那些商业杂志和报纸封面上的"成功的CEO"，请注意，几乎所有人都带着一种无所不知的问题解决专家的表情，而且几乎每个人都摆出敢于负责的姿态。

但是，不管你是CEO、经理还是一个团队的领导者，如果你总是帮员工解决所有的问题而不是鼓励他们自己去寻找答案；如果你总是大权独揽而不是下放权力；如果你总是告诉员工如何达到目标而不是给定大致方向而让员工自己找出方法，你怎么能够让你的员工完成重任？

近期的事件让领导的形象更加模糊了。特别是在网络泡沫复苏、9·11恐怖袭击以及公司频现丑闻之后，商业领域笼罩着一层不安的阴影。人们对领导的期望比以往任何时候更多，而他们的期望有时是相互排斥的。举例来说，他们有时既想要放心又想要指导；有时既想要情感的开放又想要坚定的自信；有时既想要工作的主动权又想别人把解决方案交到手上。

使成功的机会加倍

今天，领导的工作比从前任何时候都要更艰辛、更复杂，这一点已经很少有人会置疑了。但是对于那些新官上任或是那些想提升自己能力的领导来说，还是会有更好的办法来增加成功的概率，此外，还可借机理顺他们在行使职权中将会出现的问题。

这一过程需要磨炼。首先，你需要预防和控制工作中将会出现的意外。比方说，很多领导会惊讶地发现，仅仅凭借个人魅力并不能保证自己永久地安坐领导岗位。很多人还将惊奇地发现，最优秀的领导其实并不自己去"创造奇迹"，而是通过别人来实现目标。通过了解真正的领导该做什么不该做什么，你将有更多的机会胜任新的工作或提高自己的能力。

第二，如果是新官上任，你需要确定你的起点是否正确。对于新上任领导，头一个月对他的最终成功是非常重要的。诸如学会授权、管理好自己的职业发展之路、尽快获得动力等一系列的策略都将为你日后成为一个成功的领导打下一定基础。

第三，你必须理解和正视当今社会领导决策过程的变化。特别是今天，商业领域面临更多压力和不确定性，你需要更加迅速地作出决策，有时你甚至都没有足够的信息。一个好的领导知道如何获取更多的信息和意见，从而作出对公司最有利的决断。

最后，别忘了学一点基本的沟通技巧。没有磨砺出好的沟通技巧，领导们也就不能传达公司的目标、鼓舞下属或是让误入歧途的团队或部门重新走上正轨。

本书中的文章为准备成为领导和正处在领导位置的人提供了大量指导。下面是对你将在本书中学到东西的简要概括。

领导该做什么，不该做什么？

专家们一直在争论领导该做些什么，但是在最近二十年中，还是达成了一些共识。这一部分将谈到一个商业领导如果想要实现公司的目标，需要什么样的品格和能力。

在"你能从杰克·韦尔奇身上学到什么？"一文中，韦尔奇这位通用电子（GE）的前CEO总结了最优秀的领导身上表现出的四个"E"：精力（energy）充沛；动员（energize）别人达到目标；果敢决断的优势（edge）；坚定的执行（execute）能力和信守承诺的能力。除此之外，优秀的领导还应知人善任，通过各种各样的实践来锻炼员工，从不居功自傲，并且不断挑选精英淘汰庸才。

罗纳德·海费茨（Ronald Heifetz）是哈佛大学肯尼迪政府学院领导能力训练项目的负责人，在他的"现代领导人的责任：罗纳德·海费茨访谈"一文中提出了怎样当好领导这一主题。按他的说法，领导们应该激励人们去应对力所能及的挑战——提升商业目标需要用新方法、新习惯、新价值或新热点来做业务。信任对一个领导的权威来说是十分重要的资源，特别是在面对力所能及的挑战的时候，因为它使领导有机会将员工的注意力集中到难以处理的问题上来。为了得到别人的信任，罗纳德·海费茨认为，领导必须表现出一定的能力并形成某种固定的价值。获得这种能力有两种途径：一是建立一种确定问题和处理问题的追踪记录；一是对共同面对挑战的同事保持忠诚。

在"权威为何仍然重要"一文中，商业作家洛伦·加里（Loren Gary）考察了成为高效领导的其他能力。加里认为一个好领导应该有感染听众投身到共同事业中的能力,他会用忠诚、热情以及让他人认同事业的能力来赢得下属。有能力的领导还能很好的协调控制与放纵的关系。也就是说,他们会将目标具体化但不会告诉别人怎么达到目标。他打了一个比较有意思的比方:领导会清楚地告诉员工要爬哪座山,但会让他们自己选择从哪条路爬上山顶。

这一章还包括"用平衡计分卡领导和管理团队",它的作者是罗伯特·S.卡普兰(Robert S. Kaplan)。按卡普兰的说法,组织不仅需要人来领导(也就是说规划蓝图和战略),还需要人来管理(组织系统来合理高效地配制资源,并保证得到有效的反馈和实行有效的控制)。平衡计分卡是一种战略管理方法,它是由卡普兰和他的同事大卫·P.诺顿(David P. Norton)共同创造的。通过这种方法可以让组织同步地进行领导和管理。它是怎么做到这些的呢?它可以帮助领导制定高层战略,确定为了达到目标而要采取的战略措施,并且监控达到目标的过程。而且,它不仅在财务层面上,而且在必须改变的内部过程的层面上、员工的学习和发展以及满足股东要求的层面上鼓励领导制定战略。

卡普兰进一步指出,像平衡计分卡这样的工具能从五个方面来帮助你:(1)将公司的战略可操作化;(2)使部门、团队、公司之间保持战略一致;(3)鼓励员工勇敢地承担战略实施的责任;(4)将战略调整成为一个不间断的过程;(5)建立全新的业务规划、资源配置以及业务结果报告系统。

个人英雄主义领导：正在消失的一代

毫不奇怪，员工对于有个人魅力敢于负责的领导的期待随着时代的变化而发生了变化。因此，对任何一名领导来说，理解这种期待的根源，并认识到什么是真正的领导能力，认清完成工作的重要性，从而减少对个人魅力的崇拜都是十分重要的。本部分中我们将着重强调这一点。

在"没时间闲聊"一文中，沃尔特·凯奇尔（Walter Kiechel）阐述了当今商业领导应具备的能力：领导必须对员工袒露胸襟而不是一味地表现个人魅力和英雄气概，这其中也包括勇于接受批评以及愿意开诚布公地与员工分享坏消息。他们还必须愿意在组织的范围内拓展领导能力。

洛伦·加里在"权力：在公司变革时期意味着什么？"一文中描述了另一种领导能力。按加里的说法，有太多的领导认为权力等同于一种"破坏的能力"。相反，权力应该是一种"可以影响他人的能力"。最优秀的领导会营造一种工作氛围来鼓励员工为组织服务，而不是想方设法巩固自己的权力。通过这种方法他们可以最有效地施加自己的影响。这样的领导方式实际上是一种很民主的管理方式。除此之外，他们认为是

自己对他人负有责任而不是别人对他们负有责任。

在"领导应该是什么样?"一文中,商业作者约翰·欣茨(John Hintze)重点阐述了什么样的能力可以让领导在组织中建立长期价值。"个人魅力",就像这篇文章中将要讲的,"已经被过分高估了"。相反的,有效率的领导表现的是另一种特质。举例来说,他们总是为自己设定目标,并且认识到每一个人对组织的成功都是有贡献的。他们能有效地使用团队的资源并且尊重自己的员工。最后,他们努力使自己在组织中更容易相处。虽然上述能力可能不是最重要的,但它们可以让领导为公司创造绝大多数价值。

比尔·乔治(Bill George),美德电子(Medtronic)前CEO,在"比尔·乔治谈真正的领导"一文中还谈到了领导应具备的一些"软"能力。根据乔治的观点,"商业需要更多为集团考虑的领导……我们一直错误地将领导偶像化,将个人形象与领导能力联系在一起并将股票价格与公司价值相混淆"。相反,我们需要"真实的领导",他们有一种承担领导责任的意识并且坚守自己的核心价值。这种类型的领导是一个高度集成的综合体。他们致力于建立一个经久不衰的组织并将自己视为公司优点的继承者。他们通过传达公司的使命来传递自己的价值,并且在决策时也力求与这些价值保持一致。

在"实用主义领导的赞歌"一文中,洛伦·加里表达了相似的意思。他援引了吉姆·科琳斯(Jim Collins)的观察结果——最好的领导是"拉犁的马,而不是作秀的马"。通过制定激励机制并展示一种谦逊的人格,他们能够持续地引发最基本的变革。加里还引用了科琳斯的另一个类比,好的领导好比是豆腐,可能是主要的营养来源,但是调味料则来自于周边的人们。

本部分还搜罗了戴维·斯托弗(David Stauffer)的文章"后英雄主义领导的10个神话以及他们为何会犯错"。斯托弗认为,今天的商业领袖将每个人都视为领导,他们认为自己的主要功能是组建一个有共同目标并能相互影响的团队,并邀请其他员工一起来分担管理的责任,这样就能得到更好的决定和想法,更多的学习机会和更高昂的士气。但"后英雄主义"领导可不是"软蛋";他们也不认为让人们"感觉很好"和减少冲突有那么重要。斯托弗向我们展示并驱散了对这种领导的种种误解。

走好第一步

如果你是第一次走上领导岗位,那么理解领导性质的改变能让你更好地作好准备。但是,如果你想要一直成功下去,你同时还需尽早地获得成功。这一部分的文章将在这一方面给出有力的指导。

这一部分的开篇之作是商业作家劳伦·凯勒·约翰逊(Lauren Keller Johnson)的"琳达·A.希尔的述职——提升新领导的起点"。本章主要是与琳达·A.希尔(Linda A. Hill)(哈佛商学院工商管理教授)的访谈。按希尔的说法,新领导必须尽快掌握一项新技能,以完成从"任务完成者"到"人力资源开发者"角色的转变。他们还必须学会如何授权。如果他们是直接从基层升到领导岗位,那么学会这一点可能有些困难,因为此前他们都是"大事小事一肩挑"。希尔还补充道,最优秀的领导还能最及时地把握新岗位的要求,并能从自己的管理经验和智慧中提炼出有用的东西从而在新岗位上获得新的成功。

洛伦·加里在"提升自己"中进一步挖掘了能自我指导的领导这一概念。通过航空业巨人波音公司的例子,加里为那些希望磨砺自己领导技能的领导提供了一些建议。这其中包括:尽量从实际工作的经历中吸取经验,而不是仅仅通过课堂学习来获得知识;知道何时求助以及在公司发生变化的时候要具备开放的头脑来学习不同的技能。

最成功的领导不仅关注自身的发展,同时还注意在最开始工作时理清自己的工作要点。埃里克·麦克纳尔蒂(Eric McNulty)在"快速进入角色"中对此进行了阐释。领导们是怎样快速进入角色的呢?除了其他一些技巧,他们制定了在职场中学习的战略,严格地划定现在工作和过去工作的界限,并且为上司、同级和下属设定了恰当的期望。

管理学作家珍妮弗·麦克法兰(Jennifer McFarland)用"赢得精彩"来为本部分结尾。在文章中她考察了取代受下属爱戴的前任的那些领导所要面对的特别的挑战。"想要胜过一个受人尊敬的领导就像要蹚过雷区一样充满了意外",麦克法兰写道。要想解除这种状况,你需要在接任的第一天就与前任好好谈谈,好好学习一下如何制定稳妥决策的办法。同时,向那些成功的领导请教其方略,了解其管理风格并对其团队进行评估。你的目标是知道问题之所在,并在新的环境中处理好自己的人际关系。

作出最好的决策

除了要走好第一步之外,领导们还需要掌握制定决策的艺术。正如在"当今领导的三项技能"一文所述,商务人士必须比以往更迅速地作出决策。这是为什么呢?"高速、简洁的信息能让公司和竞争对手高速地运转"。最后,"领导团队将不得不对信息进行筛选并且迅速地作出决策"。为了跟上步伐,领导们必须:(1)容忍不确定因素的存在;(2)不时地对团队运作和决策的方式进行重新调整;(3)对于直接下属,要想办

法使他们对存在的问题达成共识。

但仅凭上面这几点还不能确保战略的正确。正如《哈佛管理前沿》(Harvard Management Update)的编者保罗·米歇尔曼(Paul Michelman)在"领导们应该让自己知道什么?"一文中指出的,领导必须能通过某种途径获得正确决策的全部有效信息和数据。怎样才能做到这一点呢?通过与各级员工交流,从而避免成为孤家寡人。这一点不难做到。不时与下属吃顿饭也能在你与员工之间形成坦诚的工作氛围。你还可以在计划实施之前再次回顾一下所有决策的依据以确保计划实施没有偏差。

心理学教授罗伯特·B.西奥迪尼(Robert B. Cialdini)在"卓越人士的危险"一文中进一步讨论了这一主题。按西奥迪尼的观点,领导经常"忽视听取团队其他成员的意见……让领导一个人承担了所有解决问题的责任,"使他们不能获得决策的关键信息。为了从别人那里获得足够的信息,领导需要建立一种机制来保证信息交流的通畅。举例来说就是要鼓励每个人都为决策的制定而献策献力,并且……保证每个人的意见都得到适当的关注——即使这一意见有时对决策的制定不是那么重要。

有效沟通

毋庸置疑的是,不论是明智地决策还是其他领导技能都离不开沟通。如果掌握了沟通的艺术,不管是新领导还是有经验的领导都能从他人那里获得所需要的信息,向员工描述公司蓝图并激励员工努力工作。

在"语言:丘吉尔的领导之术"一文中,咨询师尼克·瑞顿(Nick Wreden)通过分析英国前首相丘吉尔在二战中的领导艺术得出了结论。按照瑞顿的说法,温斯顿·丘吉尔能够号召英国人民起来反抗纳粹的暴行,主要归功于他运用了几个简单的沟通技巧,这些技巧放在今天,是任何一位领导都能掌握的。这些技巧包括:使用精确、简练的语言;制造惊人的事实;使用类比来使抽象的东西更形象;语言中夹杂幽默等等。

商业书评家贾尼丝·奥布乔维奇(Janice Obuchowski)在"当今领导沟通三秘诀"一文中对有效沟通作了补充。通过引用罗伯特·梅(Robert Mai)和艾伦·埃克森(Alan Akerson)的"作为沟通者的领导:赢得忠诚、鼓励创新的战略和战术"一文,奥布丘斯基认为有效的沟通者通常会表现出三种能力:(1)他们会增进互信;举例来说,通过欢迎每一个新雇员并向他们介绍公司的理念就可以达到此目的;(2)他们设定好发展道路，并通过与雇员讨论公司的未来以及提供更多的信息，让他们能得到更好的理解等方式来鼓动员工；(3)他们鼓励争论并让雇员感到其想法得到了重视。

像所有的领导一样，你也会发现你的实际工作权力巨大。在当今这个飞速变化的世界，关于如何成为一个成功领导的观念也在不断变化，很少有人能不经历挑战就成为成功的领导。你将要读到的文章能帮助你及早预见并轻松应对将要面临的挑战，同时还能使个人的能力得到极大的提升。

为了平衡本书中的理论和实践，请读者在阅读本书时思考下列问题：

> 作为领导，我如何才能在工作中获得并且施加领导的影响力。
> 什么样的工具能帮助我将公司的理念和战略传递给员工，并同时确保资源能够得到有效的配置。
> 我如何才能确立起一种机制让员工变得优秀。
> 我如何才能抵制把所有问题都自己扛的冲动。
> 如果我是一个新领导，我怎么才能迅速而且平稳地进入角色。
> 我如何才能获得决策所需要的信息。
> 如果想要获得信息、规划公司的未来和赢得员工的忠诚需要什么样的沟通技巧。

有效领导

第一部分

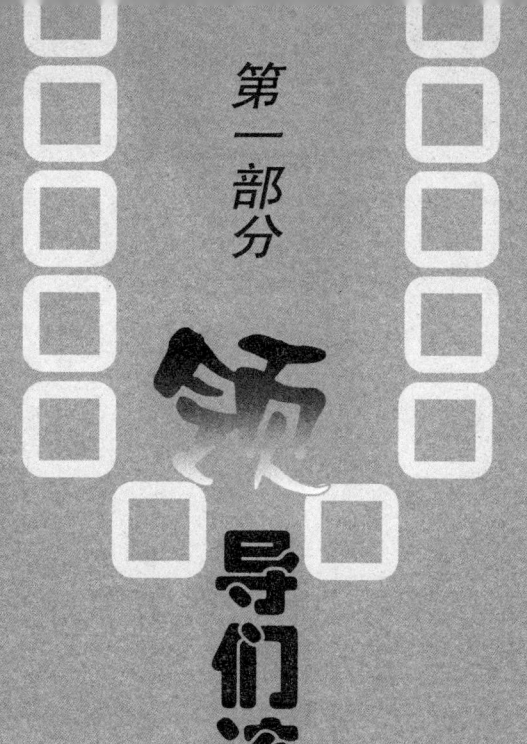

领导们该做什么，不该做什么？

如何成为有效率领导的观念一直在改变。在本部分中，你将会读到今天的商业领导要想获得既定的目标所必须具备的能力和技巧。这件事可不是那么简单：领导们需要精力过人，而且要有能力动员周围的人；当然确定统一的价值观也是十分重要的。他们必须在员工中培养统一的目标观念，同时确立一种制度使得资源能够得到有效的配置，与此同时团队运转还要一切顺利。除了这些，他们还要激励员工去适应变化的商业现实，以采取新的行为、调整新的态度、获得新的能力。这工作可不轻松——而本章中的文章能帮助你明晰在领导岗位上将要面对的挑战。

1. 你能从杰克·韦尔奇身上学到什么?

沃尔特·凯奇尔

1. 你能从杰克·韦尔奇身上学到什么?

沃尔特·凯奇尔

说到偶像,我们通常指的是那些在公众观念中有代表性的或是受人崇拜的形象。不管按哪种定义,杰克·韦尔奇都可以算得上是偶像。对于那些信仰结果至上的资本主义理念的人来说,他是一个圣人,或者至少也算得上是一个精神领袖。但是想起很久以前当工厂还像一个大的社区的时候,他简直就是一个魔鬼,一个精明的"新社会主义兼达尔文主义者"。

不管你持何种观点,作为担任通用电子总裁职位长达20年,直到2001年退休的人,韦尔奇都是上半个世纪最具影响力的CEO之一。(出于别的目的,我们在此将比尔·盖茨归类为企业家)在公司的业务实践中,对于界定什么是可能的,什么是值得推崇的,什么是可接受的,他的成就比任何一个执行者都要突出。而说到重新修订雇主和雇员的社会契约,GE可以说是不折不扣的开拓者。在韦尔奇的领导下,他的公司打破了所有人关于工业社会到底能发展多快、传播多广阔的想象。当代商业设定中，任何关于领导的话语，都有韦尔奇的功劳。

可能至少还需要 20 年，我们才能完全看到杰克对通用电子、资本市场甚至美国社会结构的影响。但是在他的自传中（当然是用杰克来命名的），你将有机会来重温经理人可以从他身上学到什么经验。这一题材在过去的 20 年中一直受到商业作家的推崇。那么这篇自传有什么新东西呢？可能因为其作者是《商业周刊》(Business Week)的作家约翰·伯恩(John Byrne)的缘故，它增加了相关背景的描述——对这个人一生轨迹的记录，对他内心活动的一些窥探、甚至不时的还有一些辩解，这些都来自于一个从来不道歉的家伙——这些都是阐释特定案例的材料。简而言之，就像我们就要得到关于这个人的总结一样。无怪乎这本书的副标题要叫"发自心声"。

第一课：知人善任

"建构"他们是韦尔奇的口头禅，他常用大量的、各种各样的经历来建构他们。对优秀员工用机会、奖金和赞扬来奖励他们。不要让他们躺在桂冠上休息，要不断从他们中间挑选最优秀的。韦尔奇上任之初并没有按照公司的既定战略来扩建更多的店铺。实际上，他上任后做的第一件事是设立了一个规划机构，在当时可能是世界上最大的规划机构。因为他认为人的力量是无穷的，特别是像他一样行事的人。

通用电子董事会的前副主席曾经这么形容韦尔奇的员工会议："喧闹、嘈杂而有活力。"

在他的特别的组织中，位于顶部的是最优秀的人（得"A"的人），20％的业绩最优秀的管理骨干，他们完全表现出了通用电子领导的4个"E"：精力（Energy）过人、能激励（Energize）员工为共同的目标而努力、果敢决策的能力（Edge）、坚定的执行（Execute）能力和信守承诺的能力。每年，公司领导都要评选出那些"A"，位于中间的70％的"B"，还有10％垫底的人。"通常，业绩不好的人都得走人"，韦尔奇说，这一点也不残忍和残酷。真正残酷的是"让人们总是得不到成长和进步"。

显然，所有领导，只要他们想得到提升，都要经过这一过程。韦尔奇讲了他是怎么处理杰夫·伊梅尔特（Jeff Immelt）的例子。他本来有机会成为韦尔奇的继任者，但是在1995年被撤职。伊梅尔特负责的业务没有完成50亿美元的年净收入，他因而被免除了CEO职务。"杰夫，我是你忠实的崇拜者，但是你在公司业绩不好"，韦尔奇告诉他说，"我爱你，我也知道你能干得更好。但是如果你不能完成它，我只能撤掉你。"

这听起来有些残忍，特别是对一个在公司干了41年，拥有"中子杰克"称号的人来说，我们可以用另一个经营职业棒球队的例子来作个类比。你找到了有潜力的球员，让他们成长、付给他们比别的地方更多的薪水，希望他们能打出全垒打，每个赛季赢20场以上，如果他们做不到，就让他们走人。这就是获胜者法则——很明显，韦尔奇更注重的是获胜，而不是别的。

第二课：提出一些关键性的想法。
在公司中贯彻这些想法，
直到全部实现

在1998年出版的《杰克·韦尔奇和通用之路》(Jack Welch and the GE Way)一书中，罗伯特·斯莱特(Robert Slater)用更军事化而不是政治化的口吻列举了主席有几场"战役"要打。在早些年，在这个行业中有这样一些说法："成为第一或第二"；"站稳脚，卖出货，要不就倒闭"；"快速、简单和自信"地干业务。从20世纪80年代开始，从韦尔奇自己的书中你可以摘出下面的语句：

➢ 考验：一种类似镇民大会的程序，可以将"不必要的工作从系统中去掉"。

> 无界限：将功能中所有的限制都除去，"将内部的高墙打破，将供应商和顾客整合到一个过程之中"，使"团队远离自我主义"，开放 GE 使它能够接受来自别的公司的"最好的理念和实践"。

> 全球化：1987 年公司的年收入中来自美国以外的部分还不到 20%，但到去年已达到 40%。

> 成长服务：韦尔奇将此寄希望于公司的医疗系统、动力系统和飞行器引擎业务，但是局外人会将这一项不可思议的资本增长纳入公司的总收入，此项在 2000 年占公司收入的 41%。

> 六西格玛：制造业以及服务业减少过失的基本措施。

> 还有 20 世纪 90 年代后期不可避免出现的电子商务。

韦尔奇十分痛恨官僚主义，这种情绪是发自内心的而且是如此强烈，因为这种庞大的空中楼阁式的现实会使他的努力白费。

虽然其他的公司也曾经提过这些口号，但真正落到实处的却寥寥无几，而韦尔奇却不折不扣地实践了上述口号，通常他会将领导的晋升与他们从多大程度上依靠这些措施联系在一起。因此到了 1998 年底，

"如果要想从事领导岗位的工作,那个人至少也要受过绿带培训",而如果还想要进一步提高,则需要通过六西格玛培训。韦尔奇本人也参加了每一次变革,这就是他的个性,有些甚至与所谓的成人发展的特定阶段相关联。

自信加上快速和简洁,以上是20世纪80年代韦尔奇在通用电子用来鼓舞士气的口号。如果仅从他一贯的胆大来判断,你可能会认为这对于韦尔奇来说根本就不是问题,但这回你错了。他在自传的第一章以"树立自信"为题,并称他的母亲为他生命中最重要的人。是她让韦尔奇从小就不为口吃而自卑,甚至在多年之后,当他进入运动队他也没有意识到他比其他队友要小。其他一些人生导师也使得韦尔奇认识到作为一名领导在他要带领的员工中建立一种自信的氛围是多么重要,特别是公开分享想法的自信。而自信是来自于胜利。

选择自信基本上是毋庸置疑的。在《杰克》(Jack)一书中,韦尔奇描述了"通用电子漩涡","在领导失去信心,开始恐慌并陷入自我怀疑的泥潭的时候",这种漩涡就出现了。"我曾经看到这一幕发生在一个坚强、聪明和自信的管理亿万业务的总经理身上。当一切顺利的时候他们都做得不错,当在运作上走错了一步或者做砸了一笔交易,然后他们就开始陷入自我怀疑的深渊……那真是可怕的一幕。很少有人能从中恢复元

气"。杰克的建议是：根本就别走过去。

第三课：远离官僚主义

在领导岗位每天面对的是可以替换的过程和系统——例会、评估、程序化的机制——这使得人们只需重复就可以直接进入岗位角色。这种重复的员工工作只适用于流水线式的商业发展。韦尔奇在成为通用电子的 CEO 之前就十分痛恨官僚主义，这种情绪是发自内心的而且是如此之强烈，因为这种庞大的空中楼阁式的现实会使他的努力白费。在 1980 年，通用电子有 130 位副总，25 000 位经理，从 CEO 到店铺之间的层级多达十多层。二十年之后，公司的规模扩大了六倍，但是只有 25% 多一点的副总，经理的人数也少了很多，特别是从 CEO 到店铺之间的层级只有六级。

当读到韦尔奇每年都要抽时间来进行一轮会议的时候，我们可能会觉得有点惊讶。每年一月在伯克莱举行的是公司 500 名高层运营领导的会议；每个季度要举行公司执行委员会的例会；每年四月和五月要举行所谓的 C 型会议来评估每个部长的能力，此外还有每年七月份和秋季的会议、每年 10 月的管理会、每个月还有通用电子的资本董事会，现在不知你有没有大概的概念了。但是这些会议没有任何官僚主义的成分,不像别的会议那样冷冰冰或正式,也不会像别的会议那样有种种限制。韦尔奇在书中引述拉里·博西迪(Larry Bossidy)(韦尔奇的好友、通用电子董事会前副主席)时曾经形容这种会议:"喧闹、嘈杂而活泼。"

韦尔奇

读者指南

关于这个人和他的事迹的书可以装满一个小型的书架,而这可能也正是你想要做的。除了《杰克·韦尔奇自传》(Jack: Straight from the Gut),另一部对韦尔奇的差强人意的解读可能就是诺埃尔·迪奇(Noel Tichy)和斯坦福·谢尔曼(Stanford Sherman)的《如果不能控制自己的命运,别人就会控制你的命运》,这其中还有一章是韦尔奇自己写的。罗伯特·斯莱特(Robert Slater)也出版了三本书来提炼韦尔奇的智慧,其中包括《杰克·韦尔奇和通用之路》(Jack Welch and the GE Way)和《通用实战手册》(The GE Way Fieldbook),后一本书在指导和应用方面可以称得上是一本傻瓜手册。珍妮特·洛(Janet Lowe)的《经营大师开讲》中记录了"他自己"在过去的数年中对事情的一些评述,此外还有一些引自韦尔奇的有意思的言论,有些还是批判性的。对于纯批判性的内容,可以参考《不惜

任何代价》（At Any Cost）一书，该书副标题为《杰克·韦尔奇、通用电子和追逐利润》（Jack Welch, General Electric, and the Pursuit of Profit），作者是《华尔街时报》的长期记者托马斯·F.奥博伊尔（Thomas F. O'Boyle）。

在消除通用电子内部的官僚主义过程中，韦尔奇也改变了一些重要的员工分工，并使其转化为商业上的利益，虽然在最后他抱怨这一过程花了太长的时间。关于公司的财务和审计制度也许就是一个最好的例子。在这个拥有12 000人的大公司中有最好的培训项目，但是"对每一件事都管得太死而且容不得丁点儿改变"。韦尔奇在这个位置上启用了一个新人，由一个局外人担任通用电子的执行官来管理财务领域的事务。新上任的领导将员工数量减少了一半，强化了薪金名册制度，将培训项目的重点转移到领导能力、管理能力和财务上来。结果是：原来需要领导紧紧盯着寸步不离的员工成了公司的伙伴，这其中最值得称道的可能还要数公司最成功的商业实践"六西格玛"。

第四课：有话直说，有话实说

如果一项制度是一个人的影子的延长，那么与别的公司员工相比，在通用电子，员工能够面对现实并妥善地处理问题，这种方式应该归功于韦尔奇。正如一名员工在 1988 年对《华尔街周刊》(Walls Street Journal)说的那样，"如果没有和韦尔奇发生过争论，你甚至不能与杰克打招呼，如果你没有与杰克面对面地争论过，他根本就不会用你。"

通用电子在韦尔奇时代有一个未解决的问题，那就是他究竟能在多大程度上作出让步，他愿意输掉多少场争论。在《杰克》一书中有一段稍微有点奇怪的文字，韦尔奇说他经常沉浸在公司可能面对的挑战中，比如，由卢·多布(Lou Dobb)主办的 CNBC 的《商务中心》(Business Center)就受到了 CNN 的《财经线》(Moneyline)的威胁。韦尔奇很愿意跳进这种问题当中，出些主意，但是他的员工"知道即使他的想法被弃置不用，他也不会感到太沮丧"。在这句话后面有一句编辑的插入语（"要是你不会沮丧才怪"）。

但是坦率并不是说你要说那些并不想说的事，至少对杰克来说是这样。在他的自传中，受到批评最多的就是他没有过多地谈到第一次离婚（那时他才 28 岁），还有就是作为一个 CEO 他的薪水是底层员工的几百倍。

第五课：完成业务，开始新业务，不停向前。行动、行动、行动从不回头

　　下面来谈一谈行动的基础。有没有人像杰克·韦尔奇在通用电子那样经历了那么多的改变和成长。他的成就是那么的卓越，更不用说这一切背后倾注了多少的精力。虽然韦尔奇一直说回顾过去他并没有看到很多闪光点。

第六课：保持数字的增长

　　这是成功的一种证明。它也代表了另一种审视生活的方式。

参 考 阅 读

Jack: *Straight from the Gut* by Jack Welch with John A. Byrne (2001, Warner Books)

2. 现代领导的责任——罗纳德·海费茨访谈

2. 现代领导的责任
——罗纳德·海费茨访谈

纳德·A.海费茨（Ronald A. Heifetz）是哈佛大学肯尼迪政府学院领导能力培训项目的主管，《调试性领导》(Leadership without Easy Answers) 一书的作者。在这本书中，他列出了领导能力的六个构成要素：进入角色、确定哪些挑战自己能够胜任、控制悲观情绪、集中精力、给员工分配任务、保护来自基层领导的声音。作家洛伦·加里最近在他的办公室采访了他。

你将领导能力视为动员员工面对力所能及的挑战的能力，请问你为什么这么认为呢？

如果解决一个问题需要社会性知识——人们需要掌握新的习性，改变他们做生意的价值观、优先度或方式——你知道这就是一个是否力所能及（是否具有适应能力）的问题。

适应性问题与技术性问题是相对的，后者只需要运用某种特定的技术手段就可以解决。区分两者的差异真的那么难吗？

没有那么难的。有时，你想通过试错法来解决问题，你尝试了所有会用的技术性方法，但是问题还是没有解决。其实通常你可以从一开始就退一步并问自己，"这个问题的解决是否需要我们来改变习惯或要去学一种新方法？"另一种适应性挑战是那种不是很容易就能解决的矛盾——比方说价值的矛盾与公司战略的矛盾。

那么你为什么说用技术性方法来解决适应性问题是领导很容易犯的错误？

人们在组织中因为能够不停地解决问题、能够担负起责任而赢得他人的尊敬。当然做一个善于承担责任的人是非常好的。但是适应性工作需要别人来承担起责任——将工作重新放到组织中，并由那些有能力承担此工作的人来完成。你可能想了解决方案，但是它可能不会解决任何问题，除非有适当的人来完成它。所以，如果你想要解决那些适应性问题，你需要设法让一些人来学习新方法。这些问题需要另类的解决办法而不是一个盲目的责任承担者。也就是说，你要成为一个任务或工作分配者。

当遇到适应性工作时，成功经理人的优势有时能

成为他的致命点。

是这样的。特别是在困难时期，员工都将目光投向领导，希望他们像过去一样承担起责任。实际上成为一个方案提供者比一个问题提出者要容易得多。将适应性问题当做技术性问题来解决是一个典型的领导错误。当然，有时相反的情况也会发生。

究竟怎么发生的呢？

今天人们常常将团队精神视为解决一切的灵丹妙药，虽然对于适应性问题来说，这没有错。但对于技术性问题就不是这样了。对于那些在人们知识范围内的问题，更有效的方法是给有能力解决问题的人解决问题的权利，而不是让所有人都学会如何解决问题。

我们不知道什么时候该引入团队，什么时候不该引入。我们不知道什么时候让权威来起作用，什么时候该让更多人参与进来以平衡过度的独裁。

这听起来很让人摸不着头脑。在竞争者中间，市场、技术变化的步伐使得商业更加注重学习。然而，这种变化步伐看起来越来越快，使得一种危机开始出现，这就是组织希望能用权威的方法来解决技术性的问题。

是这样的。在当今这个时代，变化步伐如此之快，以至于大部分组织都面对这样的危机。这也使得危险的行为开始出现：长时间工作，把别的事情放在一边，与此同时过分依赖于权威型的领导。

适应能力的一个重要资源就是我所说的"控制环境"。人们对权威有多大的信任，不管是对正式领导还是非正式领导。因为如果他们的信任度不够，领导就很难提出挑战性的问题——员工会对他们使用迂回战术，或者一直等到他们离开，或是消极怠工。

所以，信任的确是非正式领导的重要资源之一，信任能让你留住人，吸引他们对难题的关注。

如果你是新官上任，而且从来没有过类似的经历，你怎样才能获得他人的信任？

人们通常从两个方面来获得信任：一是他们的能力能满足他人的期望；一是他们的价值能满足他人的期望。如果你很有能力，但是别人不能够预测你的价值将把你带向何方，你就会引起他人的恐慌——你会变成科学怪人那样的人。另一方面，你能摆正心态，但是能力不足，别人也不会信任你。这里有一个很好的例子，比方说家庭医生，虽然人人都爱，但是如果他不再学习最先进的医疗手段，也不关心最新的研究成果，这样的医生还能得到别人的信任吗？

信任需要能满足上面两个方面的预期。人们希望领导有能力，特别是在领导能够解决技术性问题时，这种期望尤其明显。所以，一个人展现他值得信任的一

面的第一件事就是将技术性问题和适应性问题区分开。也就是说，能很有效地承担起责任，为组织注入活力，并确保一切在解决问题的过程中不出问题——即监督所有此类问题，因为你有这方面的专长。

"作为独行武士的领导虽然很英勇，
却无疑是一种自杀。"

一旦在别人心目中确立起这样一种地位，你就可以使用这种能力，你只要说，"OK，你看到了，我有解决此类问题的能力，所以如果我现在说我们将同时面对一些可适应性问题，请相信我。解决这类问题需要不同的方法。我们需要找出关键的问题，但是我也不知道答案究竟是什么。我需要告诉你们，我们现在处处面临危机，我可能不能时时保护你们。我也不能告诉你们按现在的方法继续下去能不能解决问题，因为可适应性问题需要我们经历一段不太明确的时间，直到能够重新找到方向。在层层迷雾中，我不能避免冲突，因为冲突也是我们要面对的工作的一部分。我们可能会有不同的观点，所以需要团结起来并达成一致，这样我们就能有一些创造性的解决方案。"

在他们没有相信你能够处理技术性问题之前，如果你只是说，"我们来处理这些可适应性问题吧"，人们可能根本不会相信你。

让我们从更近的角度来审视领导能力的一些组成部分。比如说，你所说的"进入角色"。一个日程满满的经理人怎么能抽出时间来做这些事？

对他们来说，后退一步重新审视整个背景以及在变化过程中涉及的政治的确是有些困难。我这里可以推荐两种不太常用的战略。第一种是找一个伙伴来帮助你发现自己看不见的那些东西。对领导来说，独行勇士虽然英勇可是这种行为无异于自杀。人们常常需要别人扯扯自己的衣袖并且说，"嘿，杰克，看看你都做了些什么！你在这个问题上用错了方法。我们来重新想想明天会议上该怎么开始，并且在中期作一个调整。"

第二种战略。在高速发展，受危机驱动的组织中，你需要一个避难所。这和你不会在冬天光着身子跑出去是一个道理。你更不用想，如果没有这样一个地方——你能躲开别人的想法，能让自己安静下来并自己好好想想，你怎么能领导别人。这样的地方可以是教堂、寺庙或是犹太教会堂或是清真寺，甚至可以是跑道；或是朋友的厨房小桌旁，在这里你可以喝杯咖啡；或者是一棵树，在下面你能坐着休息。总之，我们需要的是一个空间，可以屏蔽外界干扰的空间。

在组织内部，控制悲观情绪有什么好方法呢？

在领导位置上的人常常想他的工作就是平衡。他可能没有意识到解决可适应性问题时可能要让人们长时间处于一种失衡的状态中，这样他们才能学会用一种新方法来处理这类问题。

问题的关键在于控制压力、节奏和次序，这样即使在压力下人们也可以保持高效的工作。当然，这并不是说你只要把球踢给员工让他们自己去踢。你需要在人们处理问题的过程中进行全程监控和管理。

你怎么才能不断地给员工施压，但同时又让他们感觉不到太多的压力？

要想将压力减轻到一个可以忍受的范围有很多种办法。比方说换人，这样你就能让员工更加愉快地工作，同时也有更大的适应能力。当然这只是一种方法，你也可以用别的方法。

比方说，如果你是权威型领导，你可能会更倾向于用经常出现的办法来减轻员工的压力。如果员工看到你，他们就会感觉很安心，特别是当看到你泰然自若而不是摇摆不定的时候，他们会认为形势一片大好。如果你表现出痛苦的样子，他们会认为自己的好日子也长不了。

而且，你可以自己来控制形势和问题的解决方式。你也可以通过工作，在拥有相似的经历、相同的目标、相同的文化、相同的价值的人群中发现志同道合的人并将他们组合起来。日本人常常用健身操之类的集体活动来使人们形成共同的经历。有些公司还采用共同国外集训的办法来训练员工。所有这些手法都能增强人的危机感并增加他们的忍耐力。这样员工就可以在高强度的压力下工作。

另一件领导应该尽力避免的事就是逃避工作。换句话来说,人们在面对可适应性挑战时常常会分心而不是全力去面对它。或者他们常常将问题限定得太死,这样冲突往往就被忽略了。他们会倾向于用技术性手段来解决这类问题。他们会去找一些替罪羊或者是把问题归结于外因。而且在逃避工作时,领导们往往会串通一气。

这真让我吃惊。他们怎么能这样做呢?

他们的做法和员工差不多。比如,把焦点放在技术性问题的层面上,忽视公司的实际问题;把问题交给一个委员会然后使这个委员会无疾而终;在会议上扑灭不同的声音;把所有的工作都揽到自己身上;成为一个英雄似的答案提供者等等一系列的方法。

领导们在面对可适应性挑战时是否有性别上的差异呢?

谈到性别差异,这个问题是在普遍性范畴之外的。在任何普遍性之外都有特别性。但就我个人的经历来说,男性和女性的确会面临不同的挑战。对于女性来说,她们会更倾向于认为工作并不是要把所有的活都揽到自己身上,而是要去训练别人承担工作的能力。她们会更好地认识到倾听和诉说一样重要,有时甚至更重要。

男性在处理同一方面的问题时会比较不利。男性更倾向于把责任都揽到自己身上而不是分给别人。他们喜欢将自己视为重要的问题解决者,而不是动员别人来解决问题。另一方面,男性更擅长于处理冲突和矛盾。对于男人来说,把矛盾视为创造性和学习的源泉可能要容易得多。女性则更擅长于用一种非权威或非正式性权威的方式来领导。而男性则更倾向于扮演权威型的领导角色。

男性需要更多地感觉,相对于正式性权威来说非正式性权威可能是一种更重要的力量来源——这是一种能够赢得他人信任崇拜和尊敬的能力,也是非正式权威形成的要素之一。女性则需要更多的学习如何确立正式性权威,并学会其他所有的管理者都需要做的——为他人提供服务:指导、保护、定位、冲突控制和维持常态。

最后一个问题。有些人工作只是为了谋生,有些人则将工作视为生活的一部分。你的领导理论是不是将大部分人都视为后者,而实际上有时他们并不是这样的?

我不太赞成你上面的两种分类。这并没有抓到问题的实质。人是一种十分复杂的生物,比你上面的两种分类要复杂得多。另外,这种分类也不太科学,因为当确定了这样一种分类,你实际上要强迫别人在二者中选其一——而我想大家可能哪个都不想选。

在你的两种分类法中实际上有这么一个假设:人们要么是工作狂,要么是对什么事都没兴趣。而只有工作狂才能回应领导的意图。这表示人们不愿意从事可适应性工作因为他们对他们从事的工作没有足够的付出。但我不这样想。我认为即使十分投入的人可能也会发现这很难改变,因为他们已经习惯按他们自己的方式来完成工作。按照这种特定的方式,他们可以得到个人满足感和公司回报。

人们抵制可适应性工作并不是因为人们憎恨它而是他们在乎自己所做的工作。

参考阅读

Leadership without Easy Answer by Ronald A. Heifetz(1994,Belknap/Harvard)

"The Wok of Leadership" by Ronald A. Heifetz and Donald L. Laurie(Harvard Business Review,January-February 1997)

3. 权威为何仍然重要

洛伦·加里

3. 权威为何仍然重要
洛伦·加里

为成功领导的关键是什么？下面有两本书引用了马丁·路德·金(Martin Luther King)的"我有一个梦想"来诠释这种艺术：

在《领导的挑战》(*The Leadership Challenge*)一书的第三版中，詹姆斯 M. 库泽斯(James M. Kouzes)和巴里 Z. 波斯纳(Barry Z. Posner)认为马丁·路德·金演讲的真实力量在于金能吸引听众使他们形成一种共同目标，这其中就包含了听众个人的希望和梦想。根据库泽斯和波斯纳的观点，当今社会成功的领导更像一个坚持不懈的诉求者：一个热情洋溢的听众，但是他能够用真心、热情和能力向别人规划一幅蓝图并得到听众的认同。

库泽斯和波斯纳认为当今世界不确定因素越来越多使得人们对"目标的渴求更加强烈"；这也使得人们对领导的期望进一步提高。最后《领导的挑战》强调了领导能力的理性和个性方面。全书中有大量关于如何用激励、引导和授权来确定目标的讨论。

值得注意的是,在他们的分析中没有包含任何关于确立权威的直接办法。在那样一个崇尚授权和舆论建设的年代,权威是否失去了原来的地位?

当然不是,理查德·哈克曼(J. Richard Hackman)是哈佛大学社会组织心理学教授,他这样认为。在他的《优秀团队》(*Leading Teams*)一书中,他讨论了如何创造条件来让团队进行自我管理,这种模式的效果比起个人松散的结合所获得的效果要好得多。但是与库泽斯和波斯纳明显不同的是,哈克曼在他的书中只使用了一次"授权"这个词,而且他自己也为此而自得。

对哈克曼来说,金演讲中最精彩的部分在于他没有"利用民意来决定非洲裔美国人争取种族平等的下一步行动"。相反地,他使用了他在精神上的权威,以此来创造一种仍然能鼓舞他人的指导方式。

当然,"广泛地征求团队中其他成员的意见"是需要付出代价的。哈克曼也承认这一点。"但是在某些时候,那些企业中正统的权威必须站出来承担责任,并且为他人指明方向。"除非领导能坚定不移地实践他们的权威,否则有效率的团队是不会实现自我管理的。

> 除非领导们能够坚定不移地实践他们的权威，
> 否则有效率的团队是不会实现自我管理的。

　　哈克曼的领导方式与库泽斯和波斯纳的领导方式二者之间的区别是微妙但又是显著的。对库泽斯和波斯纳来说，团队领导常常意味着要全情投入。而对哈克曼来说，这是一种心理深层次的活动，"一种固有的对危机的反应"，是在引发人体心理能量和找到机制来控制和疏导这种能量之间的一个平衡的过程。

　　因为树立目标需要实践权威，团队的成员要么将领导视为"全能的人，是他们可依赖的英雄，"要么将领导视为"一个控制过严的人，是他们必须推翻和取代的对象"。

　　仅仅出于这些原因，团队领导就必须一方面"为团队的一部分人确立起一个团队权威，而另一方面对另一部分人则不需要这么做。"哈克曼接着说道。他们必须树立起足够的权威以形成一种统一的目标，而不需被压制得太厉害。

　　由权威和约束构成的理想组合可以通过一些特别的方法来达到。比如说预期结果，它"不需要具体规定为了达到结果应该采取哪种方法"。哈克曼写道。在处理那些不容许出现错误的缜密工作时可以用团队来解决，比方说：外科、核工厂或是飞行等工作。这种缜密的工作也可以增加团队产生创造性想法和思路的可能性。这些都是不能事先筹划好的。

团队还可以在高层起作用,但是这样的结果更多地与"领导执行战略的质量以及领导动员他人来实现其目标有关"。而且确定具体该怎样做一件事通常会白白浪费人力:你排除了"现场团队即席创作的可能性,而有时这正是将问题引向成功或灾难的关键",而且"成员可能会对领导的控制产生依赖性,这似乎是一种极大的危险"。

哈克曼写道:在领导既不指示结果又不指示方法的时候,混乱就会出现。团队的工作很快会陷入无目标的状态,成员的热情也会很快消失殆尽。但是如果团队领导只是武断地告知成员按照某种方式来完成工作而不给予任何解释,这样的团队也会陷入困境。团队成员靠生搬硬套来完成工作,而从不去思考他们采取何种方式更恰当。这样的团队所做出的工作或提供的服务是不能满足目标人群需要的,团队的能力会慢慢地萎缩,而团队成员既学不到任何东西也不会有个人成长。

参 考 阅 读

Leading Team:Setting the Stage for Great Performance by J. Richard Hackman (2002, Harvard Business School

Press)

The Leadership Challenge by James M. Kouzes and Barry Z. Posner (2002, Jossey-Bass)

4. 用平衡记分卡领导和管理团队

罗伯特·S. 卡普兰

4. 用平衡记分卡领导和管理团队

罗伯特·S.卡普兰

当今这个时代，人们对于进入领导阶层还是十分向往的。马基雅维利认为，就像教会和皇室各司其职一样，领导的作用也各不相同。主要的管理学学者如亚伯拉罕·扎莱兹尼克（Abraham Zaleznik）、沃伦·本尼斯（Warren Bennis）、约翰·科特（John Kotter）和罗恩·海费茨（Ron Heifetz）都比较了领导者和管理者的不同作用。举例来说，领导通常是帮助人们来思考并帮助人们采用新方法；而管理者的主要功能是保持稳定和维护秩序。领导者通过激励员工完成每天的工作从而使公司得以长期生存；而管理者通过建立系统来保证所有的员工执行由上至下的政策和方针（见图一）。

而且组织所需要的也不仅仅是领导者。它们需要能够同时行使领导和管理功能的执行者。执行者必须不断适应迅速变化，竞争压力极大的环境，必须不断地将公司的远景和战略告知员工，此外还需要激励员工不断创新以完成公司的任务。同时,执行者还必须不断完善组织的互动体系,从而使得系统能保持和谐、资源能够得到高效的配置、激励机制行之有效并保证有效的报告和控制体系得以实施。

表一　领导者 VS 管理者

领导者	管理者
发展新方法和新思想,调整组织结构,应对挑战	保持稳定和秩序,应对各种日常的复杂问题
塑造环境和观念,确立方向	对目标作出反应
容忍新观点、提供额外的选择、鼓励解决远期问题的新方法,选择制定何种战略,如何将公司的远景和战略传达给员工	保持管理层作决定和选择的权利,关注如何决策和沟通
影响他人自觉地完成每天的工作从而使公司得以长期生存、通过社会化、共同信念、规范、价值等手段来维持控制、促使内在激励机制的产生	完成日常工作,协商、沟通、依靠内在激励机制,根据功能反映的不同进行相应的组织,资产保值
以未来为目标并引入风险和创新来控制动荡时期的互动	通过既定的层级和分工来完成与员工的互动

　　从经验的角度来说,测量系统在管理层的应用主要是通过预算、报告、目标设定、评估和补偿等一系列手段来实现的。很多人可能因此会感到惊奇——类似平衡记分卡(Balanced Scorecard/BSC)这样的测量系统,作为一种重要的管理工具,已经有很多执行者在使用。通过研究他们的经验,我们可以知道执行者可以将平衡记分卡作为一种正式的系统方法来使用,这样可以领导和管理他们的团队从而走向成功。

　　杜克(Duke)儿童医院的实践就是平衡记分卡在管

理应用上的一个极好的例子[1]。CEO乔恩·梅里昂内斯(Jon Meliones)需要处理行政管理层和实际工作人员(医生、护士)之间的冲突。管理层坚持"降低成本，节约开支"。而实际工作者认为："我们不适合做降低成本的工作；我们要做的是治疗患者、拯救生命，这才是我们的责任"。梅里昂内斯采用了建立平衡记分卡的方法来说服每个人，如果要想获得成功，他们不能只做一种工作。理所当然的，他们每个人不仅要设法降低成本(管理者的责任)，同时还要治病救人(医护工作者的使命)。他不断地对那些持怀疑态度的人强调平衡记分卡的好处——"没有利润就没有工作"，强调在管理和领导之间作适当的平衡。

以战略为核心的组织(Strategy Focused Organization/SFO)的框架(见图一)描述了组织要获得突破性的成就所需要的五个原则。这五项原则将平衡记分卡从一种测量手段变成了一种管理系统。每一项原则都动态地支持了——实际上是培养了——领导和管理行为。

图一　以战略为核心的组织原则

传达战略
- 任务/愿景
- 战略规划图
- 平衡记分卡
- 目标
- 发起人

执行领导力
- CEO倡导
- 执行团队参与
- "新的管理方法"
- 解释战略
- 业绩文化

平衡记分卡
以战略为核心的组织

组织调整
- 集体角色
- 公司和SBU
- SBU和共享服务
- 外部伙伴

过程持续
- 与预算关联
- 与运作管理关联
- 管理会议
- 反馈系统
- 学习过程

个人的职责
- 了解战略
- 与目标一致
- 动机关联

1. 建立战略规划图和记分卡

　　领导和管理活动是建立战略规划图和记分卡的重点。执行者首先会使用平衡记分卡并清晰地就组织战略作相关沟通——这里的战略通常是一种由正在变化的、充满挑战的环境引起的领导行为。建立平衡记分卡和战略规划图的过程会帮助执行团队制定出应对远期问题的对策并找到应对变革和挑战的新办法。这一过程会改变态度和观念，并为组织确立新的发展方向。

领导和管理工作的相互影响将会是战略规划图和平衡记分卡所要考虑的第一个问题。高层的财务视角包含了两个首要的战略主题：利润增长和生产效率。利润增长要求领导可以开发新的产品和服务、新的市场、提升的价值以拓宽和加深与客户的关系。与此相反，生产效率要求管理层更加有效地利用现有资源和工序。

2. 在组织中贯彻平衡记分卡

第二条原则即将策略分解为各级各部门、各个单位和各支持机构的任务，这表面上是一种管理层面上的工作，实际上是要将高层的战略分解并整合成为各级各部门的小战略。

但是分解过程本身就是一次提升领导能力的过程。分解不像那些高层领导口述的公司方针，而是要鼓励每一个运作单位自己设计能承担的责任，当然这是建立在对当地市场环境、竞争状况、运作技术和资源状况等情况了解的基础之上的。最显著的转化应当发生在技术支持和服务共享部门（比如人力资源、IT 和采购）。分解过程将支持部门从以功能为目标、花钱的部门转变成为一线运作部门和公司的战略合作伙伴。随着技术支持部门逐渐清楚自己的战略能够增加公司价值，他们的部门主管也会成为领导。在此之前，他们根据预算来管理。现在，他们通过发展自己部门的战略和使命来进行管理。

3. 沟通、同盟和激励

第三条原则包含了三个方面：

> 沟通策略（领导）
> 将个人目标与公司战略相连（管理）
> 将报酬与平衡记分卡相连（管理）

很明显，沟通是领导的一项重要功能。高效、形象的沟通技巧是任何组织领导都应该具备的一项重要技能。最成功的平衡记分卡执行者清楚地了解在采用平衡记分卡时，与他人就公司的愿景目标和战略作好沟通是多么的重要。他们将平衡记分卡视为一种可以将自己的意图清楚明白地传递给公司每一个人的一种手段。

通过使用战略规划图和平衡记分卡，执行者可以将高层的愿景规划、战略和任务传达到整个组织。沟通的过程可以帮助组织领导动员公司员工，并将员工和公司的战略联系起来。一旦每个员工都清楚地了解了公司的愿景规划和战略，他们就会知道组织希望达成什么目标，他们能为这一目标做些什么事情。这样的理解能够产生内在动力。每个员工在工作时都带着热情和创造性，这样就能找到更新更好的出路从而帮助组织获得成功。

第二和第三个步骤——设定个人目标和按照绩效来进行奖励——都是组织内部管理者的责任。值得注意的是从领导者的工作（沟通、激励和建立共识）到管理者的工作（设定个人目标和制定绩效奖励）之间的过渡是十分自然而平缓的。一旦按照平衡记分卡的框架来工作，执行者很自然地就可以将管理者和领导者的工作整合起来，同时将员工的个人目标与公司的战略联系起来。

4. 将公司战略与报告系统、生产过程、学习和成长整合起来

第四条原则也包含了好几个方面的意思：

> 将公司战略与规划和预算相整合（管理）
> 引入新的报告制度（管理）
> 进行新的管理会议（领导）

在刚刚整合好的规划和预算过程中，执行团队——通过股东反馈和客户竞争者分析——可以为记分卡的战略评估确立一系列工作目标。这些指标是确立和实施战略行动的基础，当团队领导缺乏资源（如人力、能力、资金）时就需要将预算制度整合进来。最后，组织将整体的战略和组织正在进行的改进行动——如以行动为基础的管理和全面质量管理（包括六西格玛）联系在一起。所有这些实践——设定目标、实施行动以及将运作改进活动与战略联系——能够帮助执行者将自己的管理职责变为公司的战略实施。

第二个过程——引入新的数据搜集和数据报告系统——是管理工作的另一个重点。建立数据库和新的信息系统可能是一项极其耗费精力的工作，但是他们也是实施新战略的关键。

新型的管理会议要求领导来主持。有些定期召开的管理会议是程序性的——按照计划来检验成效（但是现在的绩效是通过记分卡来测量，而不仅仅是考察经济方面）。但是弥补不足、调整战略、开拓创新以及协调各部门之间关系共同解决根本性问题需要领导者来胜任。更重要的是，领导需要使公司战略适应的环境。这方面的一个极好的例子是北卡罗来纳的夏洛特

市。以下是该市的副经理的观察：

（管理方法：）该市的前任经理将评估主要项目（如会议中心）的进展，以此来考察项目是否按照时间表和预算在进行。他会检查超出预算和延迟的原因和解决办法。

（领导方法：）新经理更加具有战略眼光。她问的是："为什么要建造会议中心？工程对周边居民、经济发展、就业、交通和周边地区的发展会有什么样的影响？这样讨论的范围就更大，需要多个部门的积极参与。问题是比以前要大要困难，但是也更加吸引人。（领导会质疑项目的战略实施，但是并不是仅仅通过开会来讨论起点和预算就能做到）

根据克里斯·阿吉里斯（Chris Argyris）的观点，最有效率的管理会议也是一次双向学习的过程。在这一过程中，执行者也会重新审视他们关于挑战的假设。[2] 执行者会验证他们的战略假设、根据运作业绩来调整他们的行动并且考察何种因素会影响最初的战略规划。在这些会议上，执行者还会就企业内部提出的战略进行辩论。亨利·明茨伯格和加里·哈梅尔印证了高效率的领导在组织内的任何部门都会鼓励新思想，而不仅仅是高层。[3]

5. 通过高效率的领导来激发改变

第五条原则——执行领导的能力——并不是一个独立的步骤。它遍及取得成功的道路的每一段。在这条道路上，执行领导扮演着三个角色：

> **动员。** 执行者将就需要进行的改革作上下沟通并且再联合高层通过战略规划图和平衡记分卡来制订和实施战略。

> **控制。** 执行者建立一种新的计划、预算、资源配置和报告体系，并且召开新的管理会议。这些行动会加强公司在战略方面的沟通，使公司保持目标集中并且保证资源能够按照战略的要求到位。

> **战略管理。** 执行者会利用一切机会来沟通公司战略。他会与员工交流并且考察管理人员为公司战略所作出的成绩。他会按照新的方式，特别是双向学习法来召集管理会议，并且会问"为什么，如果这样会怎么样，假如我们这样……"诸如此类的问题来强调学习和团队精神。

当企业在运用这五条原则以实现战略聚焦时，所有有关领导和管理的方方面面实际上都是整合到一起

的。执行者往往不是在领导者和管理者两个角色之间换来换去,而是不知不觉就将二者合而为一。

　　以战略为焦点的公司五条原则以及平衡记分卡给了执行者一个新的管理工具,通过它们,可以订制各种考评方案和管理系统并可以将战略程式化加以实施。随着平衡记分卡进入到每一个下级单位,而且公司战略逐渐深入到每一项工作改进和每个员工的日常工作,管理工作和领导工作也逐渐变得你中有我,我中有你。在所有这些测量和管理工具中,平衡记分卡对提升领导和管理能力的独特作用,使其成为组织管理的一项强有力的武器。

注　　释

1. J. Meliones," Saving Lives, Saving Money," *Harvard Business Review* (November-December 2000).
2. Chris Argyris," Double-Loop Learning in Organization," *Harvard Business Review* (September-October 1997).
3. H. Mintzberg," Crafting Strategy," *Harvard Business Review* (July-August 1987); G. Hamel, *Leading the Revolution* (Boston, Harvard Business School Press;2000).

BECOMING AN
EFFECTIVE LEADER

效领导

第二部分

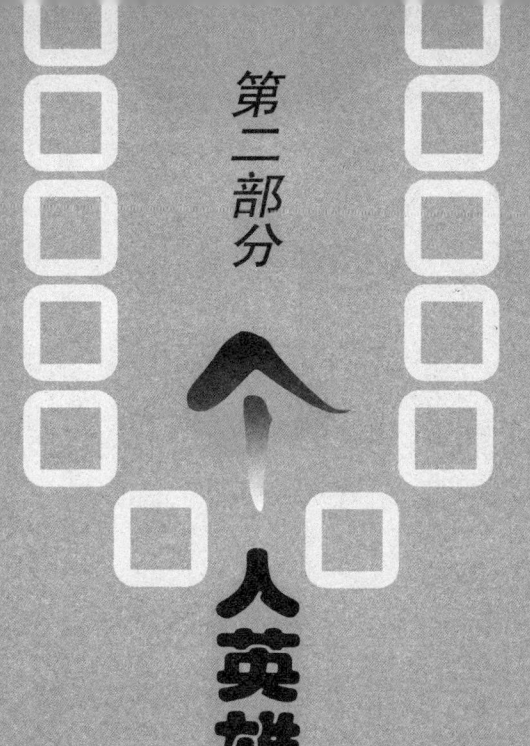

个人英雄主义领导：正在消失的一代

很多领导错误地认为，要想让他们的员工工作优秀只要他们当一个有领袖魅力和敢于负责的领导就够了。实际上，很少有人能够抵制仅仅靠领导魅力来领导的诱惑。毕竟，在高速变化时期或是困难时期，人们希望有人能站出来解决所有的问题。但是就像本章的题目所揭示的那样，提供答案和解决问题并不是领导。相反，

真正的领导是要帮助他们的下属自己找出问题，并且用自己开创性的思维来解决问题。他们总是在员工身边并经常提供指导，但目的是为了让员工培养自己的能力。真正的领导可能不会制造头条新闻，他们更倾向于保持谦虚和实干，就像拉犁干活的马而不是用来观赏的马。但他能从他的员工那里得到最好的结果。

1. 没时间闲聊

沃尔特·凯奇尔

1. 没时间闲聊

沃尔特·凯奇尔

员工希望从组织领导那里得到什么？我们可以从"2002年最热点的问题"研讨会中得到答案：更多、更多、更多。员工期望的是稳定的环境和工作指导。而客户又是那么的机警，他们同时渴望做成新的生意。投资者期望的是更好的股票收益。正如 Guidant 公司董事会主席金杰·格雷厄姆（Ginger Graham）所说："现在的领导比以往任何时候的责任都更加重大，工作也不像表面看上去那样简单。说句实在话，你可能都不想去做这样的工作。"

这种责任是如此的重大，以至于慢慢地你就开始习惯起起落落，以及由此带来的热情的消逝。在商战的前线，这方面的资料你可以参考贝恩咨询公司的克里斯·祖克（Chris Zook）的观察：2001年是有史以来 CEO 大起大落最厉害的一年。大约有 22% 的大公司 CEO 失业。CEO 的平均任职年限也减少到了四到五年。而且，祖克的合作伙伴达瑞尔·里格比（Darrell

Rigby)指出,虽然 GDP 的数据显示近年来经济开始复苏,但公司的赢利仍然是 50 年以来最糟糕的。

此外公司外部所发生的一切都加剧了这种糟糕的状况,如网络泡沫的破灭、安然公司的倒闭、对安德森公司的诉讼、电信公司的拆分、罗马教廷丑闻,此外当然还有 9·11 事件以及后续的影响。毫不奇怪,在"2002 最热点的问题"研讨会的小组讨论中说得最多的还是"环境越来越令人不安"。按照《先决领导》(Primal Leadership)的合著者丹尼尔·戈尔曼(Daniel Goleman)的说法,对组织的认识是十分自然的过程:首先由一个企业发起,然后是慢慢成熟成型,然后受到其他公司的模仿,或者被全盘接受,或者有一些变形。

显然时代的发展促使组织和个人不断反思"本质是什么?"对于这个问题的答案,如果你能追根溯源,就能发现它们都集中在革新、个人如何领导、公司如何利用技术、如何与客户建立联系以及他们如何制定战略并实施战略这些问题之上。在这次会议中有一些颇有见地的话值得我们重视:

➤ "如果不喜欢听坏消息,你就不应该当领导",加拿大第一任女首相,金·坎贝尔(Kim Campbell)这样说道。这并不是说你要积极地享受这种坏消息,而是你的工作需要你尽可能多地了解坏消息,因为确实存在出路而且你也需要找到出路来摆脱困境。

➤ 当开始考虑在什么地方运用信息技术时,你需要问自己"公司的价值增长点在哪?"这通常会在与客户的接口之上。现在70%到80%的IT预算都被用于维护现有的系统,但是在五年之内所有的基础设施都会推动公司外围的变革。

➤ 如果过去的10年是公司去伪存真的10年,那么现在同样的机会则出现在公司、供应商以及客户之间。在今天这个互联网的时代,这样做的一个办法就是:找出最佳的方法,然后找出并且获取一切可利用的资源。

➤ "消费者"是我们制造的一个可怕的概念,因为它让我们想到的是那些买东西的人,其复杂程度仅次于人类这个概念。通过比较,"消费者"是一个更加整体的概念,这一概念承认人会拥有欲望、洞察力和感受——简言之,他们比简单的经济动物要更加复杂。

会议的参与者已经意识到在这些基础之上开展行动的必要。那么是什么让他们裹足不前呢?是资源不足和员工的焦虑。此外还有越来越多的思想之间的断裂,以及公司需要听到什么。举例来说,看看两个在会议上提出的关于领导能力的概念:高层领导团队管理自己情感的方式决定了他们是否能够接受新的信息或是又回到老路。而且很多女性领导对于是否将这些想法放在一边通常会拿不定主意。这也代表了组织中一些回归的观点。为了应对互联网时代的到来，经理人的想法会更集中在利润上，因此也会更倾向于将新的想法与额外的成本联系到一起。

让我们摆脱这种想法，重新回到创新的高速公路上来。可以肯定的是，这需要我们找到适当的领导方式来适应环境。我们需要了解这种时间框架其实更加短暂：你需要将所有的事情在六个月或更短的时间内办妥。所以你可能需要更加关注小的项目。你的职责是做你承诺要做的事，而且这种职责，不管是你的还是同事的，都必须清晰。

正如哈佛商学院教授克莱顿·克里斯滕森（Clayton Christensen）在他的一个案例分析中所描述的，在进行创新工作时，你将要面临的主要阻碍是那些可以确保工作的可预见性和稳定性的公司制度。

那么你有什么好的办法吗？专家建议的是保持自己的完整性。这可以从下面三个方面来理解：首先，从安然公司的倒闭和教廷的动荡中我们可以认识到保持完整性和透明度是同一件事。你不仅要善于面对坏消息，同时还要能够承担发布坏消息的责任。罗纳德·海费茨认为，"公布好消息相对要容易得多，过去的10年中我们一直也是这样做的，但是现在你要分享的不光是快乐还有不幸"。

你需要向人们发布"一系列相互冲突的问题"，海

费茨继续说道，你的挑战在于你不能回避冲突，而且要在生产过程中协调冲突。在这一过程中，领导能力对组织外围和组织中心同样重要，而且冲突种类越多越好。在这里，完整性的意义可能就是要你继续待在游戏中完成游戏，并且勇敢面对在变革的过程中你所要面对的反对意见。

最后，对完整性的理解可能意味着自己变得更加开放和透明。"过去你可能是一个理性的领导，但现在你需要给予员工情感上的关注。"格雷厄姆说道，"各个级别的员工都希望你不是那么遥不可及，因为他们现在需要这样的领导。这也使得领导能力的概念与多年前有些不同。"从9·11后格雷厄姆的作为中你就可以发现，你的员工比以往任何时候更想问"你还好吗？"

那么，你还好吗？如果你想言不由衷地回答这个问题，那还不如让员工实实在在地看到你的状态。

2. **权力**——在公司变革时期意味着什么？

洛伦·加里

2. 权力
——在公司变革时期意味着什么？
洛伦·加里

界人士可能总是觉得权力这个概念有点模糊：我们承认这一概念的存在，但是在应用这一概念时多少有点谨慎。虽然我们都急着购买相关主题的书籍，但很少有人想正面面对这方面的问题。对于权力这一概念及其如何运作，我们有大致相似的理解，即使是在下意识里，我们也会认为权力就是怎样管理别人和被别人管理，这实际上是一个误区。只要看一看近20年的相关文献，我们就会发现这种理解正在变得越来越复杂，而且在步入21世纪之后这种变化可能会更快。

美国的权力基础是其多样性的文化。按照最被大众接受的观点，权力本意为"按照某人的意愿自由支配资源"。正如共和国的建立、宪法的形成所揭示的，美国人一直对宪法的权力都有所质疑。在不同时期，这种不信任已经变成了一种对个人权力的崇拜，正如威尔斯所定义的"个人不按传统和法定的程序来统治"

那样。

在这种思维定势中,权力行为的榜样就是那些英雄,他们不仅能战胜敌人,而且能摆脱困难境地,像乔治·巴顿(George Patton)、诺曼·施瓦茨科普夫(Norman Schwartzkopf)那样的硬汉。将类似的想法运用到商业领域,从李·亚科卡(Lee Iacocca)、罗斯·佩罗(Ross Perot)和T. J. 罗杰斯(T. J. Rodgers)身上我们也能发现英雄,他们基本上一生都在组织中度过,修订规矩和程序,打破官僚文章,并且致力于结束官僚主义。

用上述这些形象来支撑起来的英雄展示的是最低级别的权力,通常在这些形象中,权力意味着个人贡献,它有着最华丽的外表。如果更深入一点,你会发现我们通常所讨论的权力实际上是一种毁灭的力量。如果这种定势的习惯太强烈,你可以想想你读过的书中是如何提示"打破竞争"的。

超越强权

幸运的是,有时人们对权力及其运用会有更多的思考。1976年《哈佛商业评论》上有一篇文章叫"权力是一种强大的催化剂"(Power Is the Great Motivator),文章中讲述了执行者应该如何应对混乱局面。在大量的研究基础之上，作者戴维·麦克莱兰（David McClelland）和戴维·伯纳姆（David Burnham）总结道，对权力的需求是管理获得成功的最主要保证，这甚至比个人的业绩或其他需求更加重要。根据他们的定义，权力不仅仅是毁灭性的力量，而且是一种可以影响他人的能力。

　　作者发现受到权力需求驱动的人更善于"创造一种高效的工作氛围"。这样的人更倾向于利用权力为制度服务而不是为个人服务。戴维·麦克莱兰和戴维·伯纳姆将这种人称为"制度经理"。制度经理倾向于引入更多的组织规范，并且将建立这些制度视为自己的责任。他们喜欢工作有章可循，而且通常比那些受到绩效驱动的人更加成熟。与大众理解的权力不同，典型的制度经理有一种很强的寻求公正的愿望，其管理方式更加民主。

　　在《权力和影响》（Power and Influence）一书中，其作者哈佛商学院教授约翰·科特（John Kotter）提出了与洛德·阿克顿（Lord Acton）的"权力引起腐化，绝对的权力引起绝对的腐化"不同的观点，他认为实际上权力在公司内部是十分必要的，特别是在创造性解决冲突的时候。但是科特的著作同时还揭示了在公司内部发生的变革。正如他在访谈中所说，"在本世纪内我们所开创的管理方式主要通过层级制来实现其控制。随着不同层级之间完成同一项任务的人之间独立性的增强，层级制的影响就不是那么明显了。"在这个时代，经理人需要某种更大的权力，而不仅仅局限于雇佣、解聘和预算管理之上，这样才能将工作完成。

在科特的论点之上，杰弗里·普费弗（Jeffery Pfeffer）在1992年出版的《用权力来管理》（*Managing with Power*）一书中向我们说明了如何将这种权力和影响分类，以及如何在复杂的组织中使用这些权力。举例来说，他将权力资源分为结构型、制度型和个人型三种。个人型资源包括注意力、权力、毅力、敏感性、灵活性以及影响他人思维的能力。他同时还解释了个人对权力的认知依据其在公司中的地位不同而不同，以及如何在使用人际影响力的同时运用信息分析和管理。接下来，普费弗还详细描述了对资源的控制并使这些资源变得对组织更加重要，并慢慢演变成权力的过程。

最近，有关权力的文献似乎从普费弗微观分析的路子转到了反思权力如何被运用上来。心理学家詹姆斯·希尔曼（James Hillman）在他1995年出版的《权力的种类》（*Kinds of Power*）一书中认为，影响我们生活的不是爱，不是激情，也不是梦想，更不会是技术，而是我们对商业运作的认知："商业的戏剧，其奋斗、挑战、胜利和失败构成了我们文明的最基本信条"。希尔曼认为，正是由于我们对商业的认知都指向日常生活，因

此日常的商业活动都没有人意识到,也因此更需要进行心理学的分析。

希尔曼的"培育商业新思维"的活动分三个方法。第一,让人们相信服务是一剂济世良方,并想尽一切办法来提高质量。

第二,将所有与权力相关的词,如:控制、办公室、野心、名誉、权威、魅力等变个说法,当然还有很多其他的词。这样我们就能更好地理解权力运用的细微差别,而不是仅仅将权力理解为强权。举例来说,希尔曼在谈到"办公室"时指的是"对他人的责任",其象征是一种接收仪器。我们服务时要听取他人的要求。《权力的种类》中最后一节考察了我们在思考未来时所构建的虚幻的栅栏。这一节有些失败,因为对于我们原本要分析的内容不是十分明确。但这正是重点所在:这些对于神化的讨论支持了希尔曼对权力的论述,即权力不是一件简单的事,不能简单地考虑,也不能只有在紧急的时候才被我们想起。

希尔曼的言论可能有些激进,但是在科特反思权力的初衷时我们可以感到共鸣,科特认为,"大多数医疗机构都有优秀的政治人物",他们在市场环境中是无法生存的。渐渐地,一些人的权力变得更大已经不是困难的事情,真正困难的是让组织获得更大的权力。

那么该怎样做呢?科特认为,很多公司都不会去深究其终极目的是什么,但是随着经济的全球化以及商业运作的压力越来越大,人们开始关心权力应该如何使用才能使公司满足市场和委托人的要求。现在公司的重点在于选择目标和核心业务。在新经济中生存下来的公司将是那些不断自省、不断校正目标,并拥有最有能力和最有激情的员工的公司。

改 变 自 己

在这种环境之下,有那么多的公司改变其领导方式我们就不会觉得有任何奇怪了。在1996年出版的《关于权力的最后一个词》(*The Last Word on Power*)一书中,作者特蕾西·戈斯(Tracy Goss)论述了在组织变革之前,组织领导所要经历的个人变化。

特蕾西关注的不是行动而是质量,此外她还关注在构建现实时语言的重要性。

全书部分是禅宗式的教导,部分是存在主义者的宣言,《关于权力的最后一个词》一书试图帮助你了解一些与自己思想深处不一样的东西,并借此了解自己和世界。根据戈斯的看法,这种差距所带来的解放能够让你根据选择来建构自己的未来,然后采取果断的措施来使这种未来变成现实。

按照戈斯的观点,这种变革所需要的权力与让公司持续改善的权力是两个概念。它是一种能力,这种能力可以让那些你从来不认为会成功的事情变成可能，并最终成为现实。如果你掌握了这种权力，你就有能力不受惯性思维的影响——它们有的来自你过去的经历，有的来自公司的经验，有的则来自于你所处的文化。它会让你的行为独立于环境——换句话说，你无须考虑时机对你是否有利。

让人们感到危机

罗纳德·海费茨是《调试性领导》一书的作者，他很可能会争辩说不是这样的。他的著作部分对现实限制权力作了论述。海费茨认为领导必须要从事"适应性工作"：验证事实、评估对问题的不同解决方案以及不愿采取其他方案的理由。领导提出的任何目标都必须符合现实，必须准确，而不能仅仅是想象或要求。

在面对纷扰的现实的时候，领导权力的最高表现形式可能就是鼓励他人学习的能力。有时最困难的问题之所以出现，可能是问题没有界定清楚，也可能是没有合适的技术手段……这样，学习就显得尤为重要，特别是在界定问题和实施解决方案的时候。

在这种适应性环境下，领导能力意味着"针尖对麦芒"。他们不回答问题而是提出问题；他们不会保护别人不受外界的威胁,而是让他们自己感受到危机并自己去适应环境;他们不会去安排别人如何完成现有的工作,而是故意扰乱他们以使得自己找到新的工作方法;他们不会排解冲突,而是引发冲突;他们不会墨守成规,而是挑战常规。以上是对 21 世纪权力使用的最好的预见了。

参 考 资 料

The Kennedy Imprisonment by Gary Wills (1981, Atlantic Little Brown)

Kinds of Power by James Hillman (1995, Currency Books)

The Last Word on Power by Tracy Goss (1996, Currency/Doubleday)

Leadership without Easy Answer by Ronald Heifetz (1994, Belknap Press)

Managing with Power: Politics and Influence in Organization by Jeffery Pfeffer (1992, Harvard Business School Press)

Power and Influence by John Kotter (1985, The Free Press)

"Power is the Great Monster" by David McClelland and David Burnham (reprinted in the *Harvard Business Review*, January-February 1995)

3. 领导应该是什么样？

约翰·欣茨

3. 领导应该是什么样？

约翰·欣茨

有时真的为这些 CEO 感到可怜。曾几何时，那些公司的管理人员掌控公司数十年，他们从不用担心因为决策错误或是没能阻止股价下跌而失业。直到今天这种情况还依然会出现。

而另一方面，他们所获的报酬却没有从前那么多。当然，毫无疑问，过去首席执行官的报酬确实不菲，但是与今天动辄上百万美元年薪再加上年金补助等就显得不那么多了。

领导的来源也与以前有了变化。从前最高执行官都是从公司底层慢慢干起来的，一边干一边学习业务并熟悉公司，但现在的 CEO 大多都是直接从外面聘来的。

这就是现在美国工商界领导的现状。立场鲜明、任期短暂的执行官，他们对公司有着很大的影响，至少在上任初期是这样，但是他们很少有机会能待到效果显现。

如果这不是理想的场景，那么我们的问题是：它应该是什么样子？今天的领导需要具备什么样的素质？领导的任期应该持续多长时间？他们究竟能有多大的影响力？

CEO 效应

从 1995 到 2001 年之间，主要大公司 CEO 的离任率上升到了 53%，而首席执行官的平均任期却由九年半下降到了七年多点。尽管市场曾一度将稳定视为最重要的要素，而近年来已经有迹象显示，投资者更倾向于为外来的 CEO 以及他们承诺带来的新东西买单。

对于这一轮公司事件似乎要归结于下列几个方面，比如投资者对 CEO 任职年限的影响，还有商业出版社一直对 CEO 事迹的吹捧。

同时随着 CEO 处境的慢慢好转，我们又可以看到那种不切实际的公司文化在抬头，他们总是抱有不切实际的期望，在达不到期望时又用一系列的惩罚措施以期挽救危机。

"这种期望的基础就是对 CEO 的错误认识，他们认为 CEO 的能力是公司业绩的主要决定因素，并由此认为 CEO 理所当然的就应该是挽救公司危亡的救星。"哈佛商学院副教授，《寻找公司救星：对 CEO 的不理智期望》(*Searching for a Corporate Savior: The*

Irrational Quest for Charismatic CEO）一书的作者雷克什·库拉纳（Rakesh Khurana）如是说。

"在成百上千个CEO的个案研究中，没有任何经验表明CEO对公司的业绩有直接和稳定的影响。"库拉纳说，"但这并不是说CEO没有用，而且他们确实在某些个案中起了很大的作用，但这并不足以证明它普遍适用。"

这也是在过去的20年中出版社、商业机构、招聘者甚至是所有人心目中对CEO形成的错觉。就像人们对科技泡沫的错觉一样。

戴维·格根（David Gergen）曾经担任过四任总统的顾问，也是哈佛大学肯尼迪学院公共领导能力中心的主任，他认为，我们在理解领导魅力时有一些误解，不管是对于商业还是政治领导。"见过克利奥帕特拉（埃及艳后）的人常常会说她不是那个时代最好看的女人，但是事实上她有很多在公众前露脸的机会，也正是这一点改变了历史；露脸的机会让很多领导位置产生了实际的区别。但我不认为应当把它提上桌面作为一种领导能力"。

"领导应该控制价值取向，因为它会创造公司的环境并提供机会"。

然而，他补充道，"我认为对此我们可能有些高估"。

斯科特·A. 莱文古德(Scott A. Livengood)是比脆奶油公司(Krispy Kreme)的CEO，他从另一个视角讨论了这个问题。他认为，CEO的战略或者构想可能对公司的业绩产生极大的影响，但是执行官个人的特点就不是那么重要了。

在1966年，莱文古德说道，比脆奶油的净利润为1.9亿美元，运营收益为3.6%，个人股票市值为35亿美元。"去年我们的净利润超过39亿，运营收益为14%。现在我们的数字不像1996年那样糟糕，但也不像去年那样好。但是人还没有变，规划也没有变，只是经过了不同的战略时期"。

新要求、老办法

不管你是从哪个角度进入这场辩论，过去数年的商业变化和越来越不稳定的国际国内环境已经对现在的公司领导提出了新的要求。现在的CEO们不仅要处理日常事务，还要不断开拓创新以应对将要面对的挑战。不管是非典、战争或是数年一度的经济萧条。这种新的不可预见的环境也需要适用范围更广、更加实用的技能。

乔伊·A. 格里弗(Joie A. Grefor)是海德思哲

(Heidrick & Struggles)的执行招聘官,他说:"与过去相比,我们今天站在不同的立场上。并不是说有个人魅力的领导不是完整的领导,今天的领导必须拿出点真本事,我们都在看着——这就是记录"。她说,"CEO是否有能力将一切安排好,如果事先没有团队,是否能组建一个团队?"

乔伊向我们描述了现在的高层领导,就像某些人所说的"有基本的领导能力",能够在执行团队和公司内部人员的帮助下制定出整个公司的战略,并且有能力将此战略清晰地表述出来。

克劳斯·克莱因菲尔德(Klaus Kleinfeld)是西门子美国公司的负责人,管理着全美国的70 000名雇员,这一数目比英特尔和微软两个公司加起来还要多。克莱因菲尔德在成为CEO之前担任过很多其他职务,他对领导能力的观点更加实际。他认为,领导方式存在细微的差别,但是高效领导的关键因素都差不多一样。

他列举了成就成功领导的八条原则,但是只有两条涉及个人品质:一是不停地给自己设定目标,并不断自我激励。第二,重视与有经验的人的交流与沟通,不轻易作决定。而克莱因菲尔德显然属于第二种。

其他的品质包括:认识到每个人对于公司都是有贡献的;调配团队资源;尊重员工;耐心听取员工的建议,并让员工能够通过某种渠道向自己反映情况——这对于克莱因菲尔德来说可不简单,因为他要面对来自 50 个州的员工。

格根解释道,过去我们在谈论领导时都希望他们能够说服别人,因为 CEO 不仅要面对公司的股东,还要面对雇员和客户。善于说服别人就与领导的能力联系到了一起,而在过去的 20 年中,事实也证明了这一点。

克莱因菲尔德承认善于说服别人的确十分重要。实际上,他认为"这是一种毋庸置疑的基本品质",就像 CEO 必须确保他保持自身身体上的健康一样。但是有人可能沟通能力十分强,你也不用成为我们所说的那种有个人魅力的沟通者。真正重要的是表现出自己的实力,克莱因菲尔德认为,"如果一个人能将自己的能力与领导方式相结合,那么他就能成为优秀的领导。"

但是,克莱因菲尔德也承认的确有一些领导能力我们没有发现。他说领导可能根本就不一样,这从第一天定调的时候就开始了。这是一个大责任,有些个人魅力可能会有些帮助。而且虽然领导可能定调,克莱因菲尔德提示道,他并不完全靠自己来将这一调调维持下去。

无形资产和有形资产

有超凡魅力的 CEO 通常都是作为救世主登场的，他们承诺将看不见的力量带进公司，如远景规划、价值和使命感，与公司过去彻底决裂。但是，哈佛商学院的库拉纳认为，领导能力这个词在 25 年前才开始进入公司的词典，而无形资产在宗教的环境中使用似乎更为合适。实际上，他在邪教、有魅力的领导和现实三者之间做了比较。

他认为，"邪教和宗教的不同就在于后者并不仅仅依附于个人而存在。因此，个人英雄主义领导的缺陷就在于他所带来的变革大多不是为了公司的长远发展，而更多的是为增加自己头上的光环而服务的"。库拉纳认为，我们应该寻找那种"致力于打造经久不衰的公司"的领导。

然而，诸如"价值"之类的术语已经被牢牢地记录在公司的词典之中。而像比脆奶油公司的 CEO 莱文古德认为这些术语在本质上都是为了公司的战略服务的。

"我认为像这样的术语不仅仅与员工相关，而且与顾客相关。"莱文古德说。

他指出比脆奶油成立于 1937 年，但是它的销售额在创始人去世后（1973年）开始缓慢地下滑。这其中一个主要的原因就是公司以批发为主的市场战略已经变得过时。通过倾听顾客的意见，得知他们大多想看到多纳圈是怎么做出来的，从20世纪90年代早期，也就是莱文古德就任总裁开始，公司开始在零售的卖场实地制作多纳圈。虽然新战略的实际效果过了一段时间才开始显现，但是到了去年，公司的赢利却从1996年的1.9亿美元上升到39亿美元。

莱文古德从24岁开始就一直在比脆奶油工作，其间经历了26年，他说，领导们必须精力充沛，并且甘愿奉献。他们必须致力于组建一支有能力并且团结的队伍。他们必须首先将自己想象成为一名导师，而他们的目标是让自己对于公司来说不是那么重要和不可缺少。此外，他们还必须将公司的成功视为所有人共同努力的结果。

库拉纳在此基础上认为，当公司的创始人确立了公司战略之后，再想用任何方式来改变它都是十分困难的。因此，成功的CEO都只是小心地指引航向而不是去设定新课程。实际上，要成为一个成功的创始人，他必须在公司内部营造出一种氛围能让好的领导继续前进。

在CEO死后或过早地离开了公司，而下属中没有足够胜任的人选时，就需要从外部来招募CEO。但是这个外来者也需要有成形的管理架构，而不能自己再

重新打造一个。

即使有比脆奶油这样战略转型成功的案例,莱文古德仍然认为公司的成长在很大程度上还是在原有业务上的扩展和加强。而这样的决策显然是由领导来作出的,就像他自己一样,是公司内部成长起来的骨干。实际上,这种观点在今天变得更加重要,即使是像海德思哲这样的招聘公司也不得不屈从于这种观点。

> "我认为领导应该一直干下去,只要他对业务而发展前景还有热情和能力。"

格根说:"如果你从事的是调查行业,就不应该与组织和鼓励职业发展成为伙伴,这样做是不恰当的。"

关于 CEO 的任期

如果大家对 CEO 的期望不是那么大的话,可能 CEO 的任期就会稍稍长一点了。但仍然有一个问题,那就是 CEO 什么时候卸任让他的接班人继承衣钵比较合适呢?

有一种观点认为,CEO 的黄金时期是他在任的前半段时间。当然也有很多 CEO 并不认同这种观点。

"我认为,如果有适当的人选来接任的话,领导们应该知道何时离任。"库拉纳说。当领导培养的下一代有能力接任，并能让他放心的时候，他也使自己变得可以替代，"我认为这才是领导的真正闪光点所在"。

莱文古德补充道，"我认为领导应该一直干下去，只要他对业务和发展前景还有热情和能力；只要他们所做的事情对公司还有意义；只要他们还没有退出。他们应该感觉为了公司已经尽了最后一点力量而且继任者有足够的能力来接手。最重要的是，他们创造了恒久的公司价值。这就是我的回答。"

4. 比尔·乔治谈真正的领导

4. 比尔·乔治谈真正的领导

比尔·乔治从1991到2001年一直担任医药科技公司美敦力的CEO。在他的带领下,美德电子的市值从11亿美元上升为600亿美元,年平均增长率为39%,利润翻了四倍。在他的《值得信赖的领导:重新发掘创造恒久价值的秘密》(Authentic Leadership: Rediscovering the Secret to Creating Lasting Value)一书中,乔治呼吁现在有抱负的领导们重新审视一下他们在工作和生活中所扮演的角色。

你从什么时候开始意识到道德指南针在领导角色中起着不可或缺的作用?

从我刚刚意识到领导工作也需要讲伦理道德开始。在了解到商业领导是如何深陷于贪婪的游戏而不能自拔后,我深深地感到恐惧。我们塑造了错误的领导模型,我们将公司形象与领导能力相提并论,将股票价值与公司价值混为一谈。我们需要新一代的领导来重塑公众对公司的信任,也就是我所说的,我们需要

"值得信赖的领导"。

怎样定义"值得信赖的领导"？

值得信赖的领导知道领导的责任并且恪守自己的核心价值。他们是最正直的人，致力于打造一个经久不衰的公司。他们将自己视为公司财产的管家和所有股东的奴仆。他们是在用心领导，而不仅仅是用大脑。而且他们都是严格自律的人，这样才能一如既往地得到最佳的结果。

举例来说，我们常常会面临这样的情况，有时我们通过报告知道了我们产品的问题，但是官方的文章使工程师无法得到问题的确切反馈。作为一个值得信赖的领导，将问题尽早解决是他们的一项责任。

你怎样将自己的道德规范和价值传递给别人？

每天就公司的使命和价值，你都必须做大量的沟通工作，而你所作出的决策必须与这些价值相符。你不能坐在公司的包机上来完成这样的工作。员工都在注视你的每一个行为，他们迫切地希望知道管理层每一个决策是怎样作出的。

除了亲自与员工和顾客互动之外别无他法。你的员工会模仿你的行为，你怎样对待别人、怎样与别人交流，他们会有样学样。

你的价值是什么时候在美德电子中得到证实的？

在我加入美德电子后不久，我将一名重要岗位的执行官提升为欧洲区的总裁。四个月之后，我们公司

内部审计部的负责人找到我并向我报告了他对这个人在前任上的一起"不寻常的促销账目"的关注。我们指派了一名特别调查人员来调查这次活动的账目。他的报告表明这笔钱被我们的意大利分销商用来支付了自己的医疗费。所以我就打电话给执行官并且要他立刻回到明尼阿波利斯来汇报这笔费用。

当我问起他这件事情的时候,他回答说,"你不会想知道这笔费用的。"而我直接告诉他我想知道时,他反而指责我将美国的价值观强加到欧洲。我明确地告诉他,"不存在什么美国价值观,只有美敦力公司的价值观,而它适用于任何地方。你违反了它,就必须辞职。"

我们决定将这件事情公开并且告知员工、公众和相关的政府机构。但是我同时也深深地责怪自己在任命之前没有好好地考察他的价值和商业实践。

一个人怎样才能将个人的信誉转化成为商业信誉?

这个问题可能是今天所有年轻领袖的首要问题。因为一方面你要满足工作的要求,另一方面你又想与家人分享更多时间。在这两种欲望之间,他们可能会感到压力。特别是那些有两份工作的管理者们。虽然社会和工作的压力常常使得我们在工作中和家庭生活中表现出不同的角色。我认为我们必须自己来打碎这堵人为形成的墙壁,并且做到工作和生活一个样。为了做好这一点,我花了很多年的时间。

从长远来看，领导必须在工作和家庭之间找到一个合适的平衡点，这样才能更有效率地工作。他们才能更加深思熟虑地作出决策，而他们的员工也将更加忠诚于公司。

5. 实用主义领导的赞歌

洛伦·加里

5. 实用主义领导的赞歌

洛伦·加里

一句俗语说得好："如果没有想象,人类将会灭亡。"特别是在危机到来的时候,人们往往会求助于那些有超凡魅力的领导,因为他的梦想能使人们思路清晰而且能增强他们的自信心。

但是,有超凡魅力的领导也有不足。"它使得人们的软弱得以继续存在",雷克什·库拉纳说。他是哈佛商学院组织行为学方面的副教授。"因为他的存在,人们可以理直气壮地逃避而不必承担作出决策的责任。"

即使在过去的20年中,商业大环境限制了具有超凡魅力的领导的出现,但是对于这种英雄式的领导人们还是抱有一种变态的崇拜。在不确定的商业环境中常常会有一点微弱的闪光。人们常常把太多的希望寄予一个能说会道的CEO身上,这种趋势已经开始有一定的危险,继续下去可能会弄垮很多公司。

并不是说梦想不重要,只是有些梦想之外的东西相比之下要更加重要。

由南加州大学组织效率研究中心和博思艾伦咨询公司（Booz Allen Hamilton）共同进行的对财富 500 强企业所作的一项调查中有这样一项结论：那些在低迷时期营业状况尚好的公司 CEO 通常采取老式的、数字至上的实用的管理方式。因为当前景不是很明朗的时候，梦想所起的作用也就不那么明显了。

事情是怎么向这个方向发展的

20 世纪 60 年代，资本投资领域出现了较长时间的萧条，库拉纳在一期《哈佛商业评论》中写道："投资者突然之间都在寻找那种可以让挽救危澜、结束危机的 CEO"。一种"近乎宗教式的商业概念"出现了。"最好的例子就是在公司的辞典中出现了诸如'使命'、'愿景'和'价值'之类的术语。想象中有超凡魅力的领导有着非凡的语言天赋，通过这种优势他可以激励员工更加努力地工作，并且赢得投资者、分析家甚至是那些一向多疑的商业出版社的信心"。

> 我们不仅已经卖完了魅力超凡的领导这样的概念，同时还卖完了领导所有本质上的概念。

虽然库拉纳承认有时魅力超凡的领导能够起到一定的作用，但是"这种影响广泛的近似宗教的观念可能夸大了魅力超凡的领导对于公司的作用。这样我们就会倾向于考虑是否要让领导们拥有更大的权力和更少的限制"。在最近的一次访谈中，他作了这样的解释。

举例来说，在航空行业，美国航空业的失败在于全盘抄袭西南航空的战略，二者似乎不应该仅仅归结为领导的失误。而且，美国现在正在经历的困难正是多年前决策的后果，这使得现在的选择少了很多。

"在过去20年间，我们不仅已经卖完了魅力超凡的领导这样的概念，同时还卖完了领导所有本质上的概念。"库拉纳说道。"我们人为地制造了领导和管理之间的差别，而没有意识到这二者之间有很多交叉——也就是说，领导的效率在很大程度上要取决于他们在管理上的技巧，反之亦然。"

实干而不炫耀

管理研究者和作家吉姆·柯林斯（Jim Collins）将这种被低估的管理观点称为"最后的实用主义"。在他2001年出版的新书《追求卓越》（*Good to Great*）中，他以"你怎样用可持续的方法带来最基本的改变？"来开篇。

"我们发现只有11家完成了从平凡到辉煌的公司

保持辉煌达到了15年,"他说。(柯林斯考察了这些公司,他们有15年累积股的历史,然后又变回了普通股,这样的起伏在接下来的15年中至少发生了3次。)

这11家公司的变化是否是因为领导引起的?柯林斯的回答是"不"。当我们审视这些公司——如:埃克德(Eckerd)、A&P和Scott Paper(它们没能完成从好到更好的飞跃),以及如Hasbro和Rubbermaid等没能将良好的趋势维持下去的公司,所有这11家公司的领导都是"实干家,而不是夸夸其谈的公子哥",柯林斯说,"他们顽强、坚定、遵守纪律。他们并不是通过个人魅力来领导。他们从不用制造名声、事件来获得他们想要的结果。他们并不总是摆出一副高姿态,他们更像豆腐:一清二白,却是主要的营养来源,但是要由周围的人来充当调味剂的角色。

"虽然他们在很多时候都表现得很谦逊,但实际上他们都是雄心勃勃和固执的人。但是他们的雄心首先都是针对利益、公司和工作的。而且他们都有决心来实现他们的雄心壮志。"

例如达尔文·史密斯(Darwin Smith),金佰利公司的CEO。他有勇气廉价卖掉他的造纸厂,虽然对于金佰利公司的历史来说,这属于核心业务,但是如果公司想要摆脱平庸成就辉煌,这却是必不可少的一步。"追求卓越的领导们为了达到公司长远的运作目标,他们都是终极的实用主义者,"柯林斯说,"他们知道只有

打下坚实的基础,才能一步一步地成就辉煌。"

他们的实用主义有两个要素:

第一,知人善任。如果能让适当的人出现在适当的位置,你根本不用费时间去激励他们——他们自己就可以激励自己。

第二,认清事实。"如果要阻止他人迸发激情的行动,你能采取的最好办法就是提供一个不可达成的希望。"柯林斯在《追求卓越》一书中这样写道。是的,领导能力的确与梦想有关,但是创造一种可以知道真相的氛围也是同样重要的。"正在开创辉煌的公司的确有加强自己的愿望,但是,与别的公司不同,他们是在面对现实真相的基础上不停地寻找改善自身的道路。

执行:将思想变为现实

与别人试图去改造他们的产业不同,甜蜜泉(Honey Well)的前主席和CEO拉里·博西迪(Larry Bossidy)认为公司应该将精力集中到提升产业的方向上来。"除非能把高深的思想转化为实际的行动,否则它将没有任何作用。"在他的新书《执行》(*Execution*)中,他这样写道:"没有执行,即使是有突破性的思想也会垮掉,学习也没有任何价值,人们不会实现想要达到的目标,变革也会在中途夭折。"

它是一种智力上的挑战,正如确定愿景目标和战略性思考一样

但是执行与策略——或者宏观管理不能混为一谈。它是一种智力上的挑战,正如确定愿景目标和战略性思考一样,但是同时它也是果断的执行过程。

我们可以将它视为三个不同过程的整体:

> 战略过程:为了达到下一个目标所要进行的计划是什么?

> 人力过程:让什么人做什么事,怎样使他们负起应负的责任?

> 运作过程:在执行战略的过程中需要什么样的人力、产品和资金?

如果你想进一步考察这三者之间的交集,你需要小心检查所有的可能性。你是否想要安然度过目前的经济增长缓慢期?进一步投资?缩小规模?或是重新考虑你的核心业务?

在局势不明朗的情况下,公司最需要的是慎重的分析,库拉纳说,即使这样,他们还是倾向于找到一个非凡的领导让他来给出答案。

魅力超凡的领导对于不明朗局势的反应可以让他

的员工得到一种情绪上的安全感,迈克尔·芒福德(Micheal Mumford)和朱迪·范·多恩(Judy Van Doorn)在《领导季刊》(Leadership Quarterly)上发表的一篇文章里这样说道。实用主义领导对不确定采取的却是一种更为有用的方法。他们将注意力放在问题的解决之上,并且用最快的速度将能解决问题的新点子和新的组织形式传播开来。

那么,我们现在最需要的是什么?是信念还是墨守成规的思考?正如本杰明·富兰克林(Benjamin Franklin)在《穷理查德年鉴》(Poor Richard's Almanac)一书中所写的,"在这个世界上,男人不仅因为信念得到救赎,而且因为需要得到救赎。"

参考阅读

Execution: The Discipline of Getting Things Done by Larry Bossidy and Ram Charan (2002, Crown Business)

Good to Great: Why Some Companies Make the Leap... and Others Don't by Jim Collins (2001, Harper Business)

"The Course of the Superstar CEO" by Rakesh Khurana (*Harvard Business Review*, September 2002)

"The Leadership of Pragmatism: Reconsidering Franklin in the Age of Charisma" by Michael D. Mumford and Judy R. Van Doorn (*The Leadership Quarterly*, Autumn 2001)

"Yellow-Light Leadership: How the World's Best Companies Manage Uncertainty" by Bruce A. Pasternack and James O'Toole (*Strategy + Business*, Second Quarter 2002)

6. 后英雄主义领导的10个神话以及他们为何会犯错

戴维·斯托弗

6. 后英雄主义领导的10个神话以及他们为何会犯错

戴维·斯托弗

"毫无疑问,如果人文主义或'自下向上'的领导观念能够在公司中得到广泛的接受并且公司总裁能够将这些概念运用到实践中,"咨询师罗伯特·麦克默里(Robert N. McMurry)在40年前在《哈佛商业评论》上发表的一篇文章中写道,"即使面临很大的压力,它也可能增加生产力。但是如果它不能,慈善的独裁可能是最好的选择了。"成功的公司需要"富有进取心的(通常有些狂热)、独断专行的高层领导"。

在过去的一代中,越来越多的公司都试着采用麦克默里那种堂吉诃德式的办法:建立一种真正的自下而上的组织。《卓越管理》(Managing for Excellence)一书是1984年由斯坦佛大学商学院研究生院高级讲师戴维·L.布拉德福德(David L. Bradford)和巴伯森学院首席学术官阿伦R.科恩(Alan R. Cohen)合著。该书是这场运动中最重要的文献之一。布拉德福德和科恩呼吁在工作现场的领导掌握一种"后英雄主义"概念，以此来取代过时的、长期占据领导地位的"救急"模型，而其基本出发点是"共同责任"。在他们随后的《增加动力——通过共同领导来改变组织》一书中继续了这一讨论。书中描绘了后英雄主义领导的形象，他将每个人都视为领导，而领导的主要职责就是组建一支强大的有共同目标并能相互影响的团队。他们邀请员工一同来分享管理的责任——这样就能得出更好的决定和主意，并且能更多的学习，获得更高的道德。

听起来好像是在描述香格里拉这样的公司：提高了生产效率并且管理层也不再孤立，这都是分享领导权力的结果。如果英雄主义管理最不受欢迎的方面会不断地自我强化，那么谁又不愿意去亲近这种后英雄主义偶像呢？是的，很显然，有相当一部分执行官——如描述巴顿这种类型领导的书籍在机场书店中都堆成了堆——就是这方面最好的例子。

领导们需要完成艰巨的任务，需要解开层级制陷阱的难题，将整个公司的责任都抗在自己肩上。这使得英雄主义领导模型充满了一种神秘主义的力量。通过比较，后英雄主义模型似乎侧重的是一种谨慎的工作态度。

这是对新的领导形象的一种曲解，布拉德福德和科恩这样认为。接下来是后英雄主义领导最常见的10个神话（误解），每一节后都有相关的作者评论。

神话一、最重要的是让别人感觉好，相处融洽，没有冲突

布拉德福德和科恩意识到"从团队合作和发展关系的过程中能发展出温馨的感觉"。但是这种感觉并不是最主要的目的："开放、弱点和冲突是新的领导方式继续存在的条件……（团队成员）有不同的优势、专长和经验，这都会导致他们有不同的观点，而这恰恰是杰出决策的关键。"

这里，管理者的主要挑战是：劝服团队成员避免他们自然而然地陷入过度谨慎的泥泽，特别是在重大问题上。

神话二、用后英雄时代的方式管理是用一种"软"的方式来管理

"错了，"科恩呵斥道，"这是一种执行的方式，而不是为了改善现状……后英雄主义领导方式是一种严厉的领导方式，但是，很少有领导能做到这一点，即使他们严厉而自豪。这需要人们能够在说话时直来直去，并且希望别人在直接报告中也能做到这样。即使是在处理微妙的问题或是人与人之间的问题时也要求这

样"。这种严厉包括不允许团队的成员将问题向上转移（比如给你）；能宽容、有勇气、敢于担当，特别是在工作进度被拖后的时候；在你不知道答案或者陷入麻烦的时候勇敢地承认自己的不足。

神话三、强调协作意味着团队成员要抑制自己竞争的愿望

"虽然内部的竞争仍然是一种重要的激励手段，但是在进行内部协作时也必须面对内部的竞争。"布拉德福德和科恩承认。"但是内部的竞争必须是针对成果的目标测量，比如过去的成绩、基本标准和个人潜力"——而不是针对别的同事。"当然团队成员（和其他的部门）似乎不可避免地会相互进行比较，但是在此比较中，成员之间必须做到不彼此伤害。"因此，领导的挑战就在于避免两个极端——既要鼓励个人的奋斗，又要避免各自为战。

神话四、后英雄主义领导扮演的是催化剂的角色，而不是独断专行的角色

"后英雄主义领导在确定任务的时候可能是果断

的,但是这种果断不是随意或者是为了答案的果断。"布拉德福德和科恩写道。"这并不是说后英雄主义领导不能发表自己的意见。"实际上,"领导还是能作出决定的。但是当英雄主义领导要求团队按照自己的方案来解决问题的时候,后英雄主义领导却可以要求团队抓住那些仍未解决的重要问题"。我们推荐的办法是:"我们今天的工作就是要决定怎样来消减预算",而不是,"预算已经被消减了,你就这么办吧",或者(通过暗示),"你自己去猜吧,直到猜到我所要的结果"。

后英雄主义领导模式不要求领导用一种截然不同的方式来思考和做事,威尔逊学习公司的国际执行培训师汤姆·罗思(Tom Roth)这样说道。"首先,他们在想,'你们要我放弃的太多了',但是后来就变成:你知道——这样会增强我的作用,而不是削弱我的作用。"

神话五、如果领导独立作出了决策,那么他就变得很英勇

这样不对,布拉德福德和科恩说:"有时领导发现必须独立地作出决定,或者要废除团队在信息不足或者欠考虑的情况下作出的决策。"但是同时我们也要限制团队决定有绝对影响力的情况,因为"领导在他们分享权利的时候也放弃了绝对的选举权"。这种损失通

过决策的改善来得到补偿。用传奇棒球接手萨切尔·佩奇(Satchel Paige)的话来说:"我们中没有人能和团队一样聪明。"

领导什么时候可能独立决策呢?根据布拉德福德和科恩所说,"有的问题可能太琐碎,花太多时间去讨论它们只能是浪费时间。或者有的时候情况紧急,需要立刻作出决定,或者领导有权利获得额外的信息,而这些信息优势是不能与他人分享的。在上面这些情况或类似的情况下,成员可能会接受领导的独断专行。"

神话六、用后英雄主义方式管理意味着所有的决策必须达到多数一致,而领导必须接受这些决定

布拉德福德认为这种神话的产生是由于"管理者有一种将复杂的新技术简单化的趋势,并以此确定什么时候能做,什么时候不能做。"但是有效率的领导一般都会至少使用四种决策方法。这根据情况不同而不同:独立地决策、将问题推诿给别人、咨询后再决策、共同决策(如通过多数一致的方法)。"后英雄主义领导,"布拉德福德继续道,"在核心战略决策时用共同决策,因为这时需要所有人的参与。"

关键是,不仅要理解什么是共同责任,还要理解什么不是。"除了共同责任,"布拉德福德和科恩写道,

"领导从不逃避组织运行和决策的责任,诸如'对不起,我不想作这个决定,但是我必须与我的团队保持一致'这样的话领导是不可能向他的领导说的"。而且,"领导们常常抱怨一旦他们与团队成员分享了任何权利,那么成员就有可能想在每件事上都发表意见。但是在实际工作中,团队成员想要的并不是主持大权,而是希望能被邀请一起参与"。

神话七、团队对于决定的遵守比起决定本身的质量更重要

"遵守决定很重要,"作者继续道,但是"过分关注与对决定的遵守可能会导致妥协,而这种妥协只是为了让每个人都高兴,或者更糟糕的是它会让领导陷入一种妥协的定势"。在后英雄主义领导模型中,决策的过程和决策的质量都是同样重要的。领导们不能装出一副要分担责任的样子——在这个过程中团队的意见虽然是必须的,但往往被忽视了——也不能推卸责任,这样他们就不用再做任何事情了。

对罗思来说,共同责任既不是推诿也不是退让——这是一个相互影响的过程。其目标是要使领导和团队成员都认识到"我们有共同的目的和意图。他们都知道我们彼此都有能力来帮助对方成长和发展。

正式的职位和头衔以及角色都变得不相关了"。

布拉德福德和科恩提醒到,相关关系都不能长时间存在,特别是当领导都习惯于去作所有的决定"而且他的下属也习惯于向上推卸责任。但是那些更关注结果的决定需要更加投入才能顺利执行"。

神话八、只有组织领导才能规划公司蓝图

布拉德福德和科恩观察到,在一些组织中富有创造力的企业领导都有一种个人独特的方法来创建设想并且让有才能的人来参与并实现之……单个设想能节约时间并且避免由于人们相互争吵而引发的问题。在大多数情况下,因为有团队的参与,这样形成的设想更加有内容,更加有效果,因为每个成员对于客户的需求以及如何满足它都有不同的看法……有了团队的参与也可以为每个成员的参与提前作好准备。

神话九、用后英雄主义的方式来领导会让事情变得缓慢而且麻烦

这种神话的产生最主要是缘于对会议的恐惧。然

而,"后英雄主义领导所主持的会议比较难以预料,"布拉德福德和科恩继续道,后英雄主义领导在召开会议讨论重大问题的时候总是会实现时间和精力的节省。他们指出,"传统的领导都习惯于小心翼翼地制定会议方案,花很多的时间来考虑每个人可能的反应,在会议之前找个人来谈话,并且精心设计如何才能得到想要的结果。在后英雄主义时代,这简直就是在浪费时间,而且是对集体主义决策的一大阻碍"。

神话十、后英雄主义领导所带来的收益无法在短时期内看到

相反,对于用后英雄主义方式管理的团队,"他们在处理核心问题的时候往往有立竿见影的效果",而且,随着团队协作程度的提高,"生产效率也会进一步提高。"布拉德福德和科恩认为。但这并不是说后英雄主义管理模型会比严厉的英雄主义管理模型能更快地得到好的结果。他举了 Chainsaw AL 公司 CEO 艾伯特·J. 邓拉普(Albert J. Dunlap)作为例子来说明。邓拉普自称为吝啬。他是那种能够救场的管理者,他传统的英雄式管理方式能够让公司的财务状况立刻就有好转。但是这种管理方式是否能够创造长久的价值?是否能成功地完成新产品的市场销售?是否能让

员工有更大的发展呢？

　　虽然，我们很快就能看到一些改善，布拉德福德和科恩还是建议后英雄主义领导更进一步想一想："团队现在能做什么……怎样才能提升团队的能力以在将来承担更重大的责任？这并不是说要'先发展后受益'。实际上我们的目的是同时做到二者兼顾。"当管理者在组织内部不得不按照后英雄主义的方式来进行管理的时候，好的势头就会减慢。科恩说，"你可以在你所分管的那一领域中营造一种后英雄主义的氛围，但是你必须认识到这种全新的与众不同的方式往往会更加困难，尤其当你没有处在一种有利的环境之中时。在这种情况下，你必须更加有信心。同时为了公司的最终目的，你也必须无畏地去打破组织常规并且挑战原有的管理定势。"

　　"后英雄主义系统的实施比我们想象的要复杂得多。"布拉德福德和科恩写道。上述 10 个神话的存在反映了在态度和行为上要实现这个跳跃是多么的困难。不光对于管理者是如此，对于员工也是如此。而且，每一个神话也至少包含了一个部分事实——在后英雄主义管理实施的早期，个人的收获是最大的。举例来说，当领导们尝试用共享责任的方式来召开会议的时候，他们会发现开始陷入了一轮又一轮的会议当中，而且他们会感到丧失了所有决策的权力。"他们的第一反应就是要把权力抢回来。"

除此之外,他们还可能会在组织内部高级管理层遇到强大的阻力,他们都是在现行的这种过时的管理模式下一步一步爬上去的。"这些人对于一切新的尝试都十分的小心。对他们来说,任何大变化的消极作用都要比积极作用明显。"布拉德福德说。

"当他们有时间了解事情的本质后,经理们会说,'噢,这看上去可不那么简单啊,'"罗思说道。罗思在《卓越管理》的基础上开创了后英雄主义的培训实践。撇开所有反对的声音,经济规律认为后英雄主义管理模式是最适合当今经济条件的管理方式。虽然经常被描绘为微妙的、注重过程的后英雄主义领导方式要求果断、冷静和结果导向。这种转变要求"领导有很强的自尊和自信。"罗思总结道。

参 考 阅 读

Managing for Excellence by David L. Bradford and Allan R. Cohen (1984, revised 1997, John Wiley & Sons)

Power Up: Transforming Organizations Through Shared Leadership by David L. Bradford and Allan R. Cohen (1998, John Wiley & sons)

"The Case for Benevolent Autocracy" by Robert N. McMurry (*Harvard Business Review*, January-February 1958)

有效领导

第三部分 走好第一步

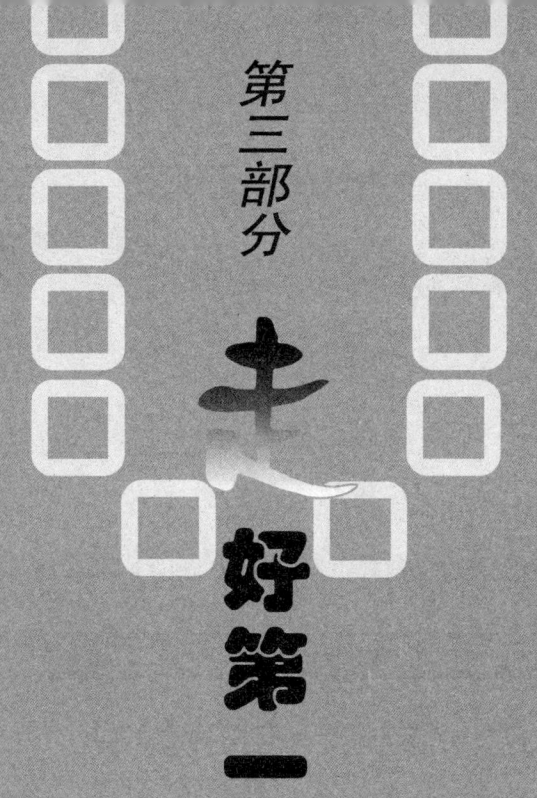

你是否第一次扮演领导的角色？如果是，你一定希望在上任初期就获得成功以便为自己今后的任期打下坚实的基础。毕竟，对于大多数新领导来说，前 30 天的表现会为今后的成功或失败埋下伏笔。本章的文章可以帮助你走好第一步——通过学习如何授权；指导自己的领导发展之路；让你的老板建立合理的预期；指导报告；当你取代了一个受人爱戴的领导时如何避免可能出现的问题。你不能希望你所遇到的每一项挑战都十分简单，就像你轻轻松松取得了领导的地位一样。但是如果有一点准备，你就能为今后的成功埋下种子。

1. 琳达·A.希尔的述职——提升新领导的起点

劳伦·凯勒·约翰逊

1. 琳达·A.希尔的述职
——提升新领导的起点
劳伦·凯勒·约翰逊

从个体变为管理者是个人商务生涯的一大跳跃。新的期望、新的身份、新的行为标准——所有这些都会让第一次当管理者的人脑子里乱成一团麻。虽然新来的管理者必须掌握这种转变,但是他们的老板也会加速这一转变。否则,经验老练的执行官们就会眼睁睁地看着他们要保护的人犯了太多不可弥补的错误,从而最后结束自己的职业生涯。在公司将成功的希望寄托于招揽更多的人才并且招揽合适的人来管理人才之上的时代,每一个执行官都必须掌握拓展管理艺术的能力。

"在新上任的管理者所要面对的所有挑战中,协调不同派别支持者的期望和利益可能是最困难的。"琳达A. 希尔这位哈佛商学院特聘教授这样说。这些不同派别支持者的期望和利益——其中就包括经理们的直接报告人、她的老板、她的同僚以及公司的顾客——是有冲突的。举例来说,一个经理的总监可能想让他将部分权力分给他的直接报告人,但是恰恰是这些直接报告人希望抓到更多的把柄。领导们必须在这些对立的要求之间达到平衡。

"如果你手下正管理着这样的新手,"希尔说,"你可能会经常看到他误解了直接报告人的意思。这也说明了他必须要尽量小心地处理与其他支持者关系的原因。"

老板们必须教会新的管理者怎么在原来没有任何正式权威的领域中施加他们的影响。"很多新的管理者都没有意识到在正式权威之外还有很多别的类型的权力,比如专业技术、吸引他人的能力、在关键网络中占据合适的位置和引人注意的能力,"希尔说。总监们需要对新来的管理者们解释,并且让他们明白哪些人的合作对于他们的工作是必不可少的。希尔建议我们问问自己:"你需要谁的帮助?需要谁顺从?谁的反对会让你的工作无法完成?谁需要你的合作?你手头能运用的权利有哪些?"

为了帮助新来的管理者们获得非正式的权力,希尔提了下面的建议:

> 为新来的管理者提供足够多的机会使他们能够经常地扩展自己的专业技能。
> 鼓励他们进行换位思考以便能够理解支持者所关注和需要优先解决的。
> 将他们的焦点放在"大画面"之上——比如组织

是如何运作的,是谁让组织运作?

希尔见过很多新来的管理者根本就不理会"办公室政治"。但是随着管理工作变得越来越复杂,职场关系的相互依赖程度越来越高,资源也越来越匮乏,经理们也必须学会如何调和各种利益关系。通过教育他们来树立和实践非正式的权威,执行官们能够帮助他们协调这些关系。

控制新身份

除了学习如何树立非正式权威、实施影响和协调利益,一个新上任的管理者必须能对这种身份上的转换控制自如。他必须使自己从一个做事情的人变成一个通过他人来做事情的人。希尔警告执行官们不要理所当然地认为那些刚上任的新官们能了解这些概念。

"你必须向他们解释,"她说,"并且他们理解在转变的过程中遇到的问题其实是再平常不过了的——这并不是他们或是组织的问题。记住你初为领导的管理经验会帮助别的刚入门的管理者走好他的第一步。"

希尔还建议塑造一种"健康的环境"。换句话说,"在经理们第一年工作的时候,他们不可避免会犯一些错误,而你不应该对此念念不忘。你应该辅导他,而不是给他施加压力,告诉他好好地扮演领导的角色是一种使命的召唤。你应该给他足够的空间,使他能够犯错,然后帮助他从错误中吸取教训。"

希尔特别提醒老板们要注意那些不愿求助于他人的经理们。他们中有很多人都不会向自己的老板求助,她说,因为他们害怕被别人认为是"愚蠢"或是无能。总监应该找出这些人并且避免惩罚那些总是向他人寻求帮助的人。

授　权

像很多其他的管理要求一样,将决策权下放也是一件十分复杂的事情。执行官们需要教育那些新上任的管理者接受这种选择,并且掌握好授权的度。

希尔建议问问这样的问题,如:"这个决策你需要独立作出吗?是不是应该由团队共同做出,但是把它控制在你所划定的范围之内?你和你的团队是否要按照多数一致的原则共同对某一问题作出决策。"

希尔补充道:"你还要注意新上任领导在授权上容易犯的错误——如过度授权或过少授权,或者在授权之后没有采取持续的行动来加强效果。"没有后续行动,经理们就不会获得授权以后工作的进度信息。他们还会失去将信息反馈给被授权人的机会。

关注发展

虽然一个新上任的经理与他的老板建立关系会为其提供一个学习的平台,但是一位执行官的目标却并不是要建立一种绝对的依赖关系。相反,希尔说,这是为了帮助经理们最终能够掌控自己的发展。也就是说要鼓励他们与现在和以前的同僚、从前的老板以及公司外部的人——这些人可能会成为你的导师、教练或是一种精神上的支持者——建立一种长期的可向前发展的关系。

希尔还认为正式的训练可以起到十分重要的作用。它能帮助管理者认识公司的文化和已经存在的业务,同时还能使管理者有机会获得他们行动的系统回馈的机会。同样重要的是,训练能让新上任的管理者们与一同参加训练的同僚建立一种可向前发展的关系。建立这种联系可能会成为培育自己人际网络的第一步。

为了使这种关系对经理的成功变得重要,公司必须建立一种文化,使得这种教练关系得到强化。

"但是,不幸的是很多公司都没有重视经理的发展。"希尔说。在经济不景气的时候,这种情况尤为明显:人们都变得过分关注公司的财政状况,学习和发展自然就无人关注。而当公司陷入困境的时候，要创造一种能让大家感到心里安全的环境就更为困难，其实在这种环境中人们可以从错误中学习，而且这时向别人求助也变得不是很难。

公司必须始终在当前业绩和长远学习之间作出平衡。根据希尔的经验，少数关注价值提升的公司都倾向于让自己的高级经理和执行官有机会获得教育。

相互作用力

但是公司对管理者发展的态度似乎发生着改变。希尔指出，最近的研究表明中低层经理们对于公司业绩实际上比想象中的作用要大。虽然面对减少成本的压力，越来越多的公司都开始接受这样一个观点：在高度竞争的时代，能否生存的关键是是否能得到人才，即那些对公司有高度责任感并且能取得良好业绩的人。在公司变得更大更复杂之后，这种情况就更加明显，但是我们仍然需要在更少的雇员中挑出更多的人才来。

随着公司变得越来越复杂，管理岗位也变得越来越复杂。希尔举了一个例子："今天，一个新上任的经理可能会发现他上班的第一天就要领导一个虚拟的新产品团队——这在早先的20年中基本是不可能的。

随着不同层次上复杂度的增加,希尔可以确定,今天对管理人员发展的投资比过去任何时候都要明确。

"但这并不是说要改变一个公司的文化是那么容易的事。"她警告说。

基于这个原因,对文化发展的支持就变得最重要。在高层的执行官们必须奖励一种行动的模型来为底层的管理者们作出表率。他们还需要建立一个体系来强化智力的发展。

希尔听过很多老板们说培养和发展他们直接下属让他们感到没有得到足够的回报——不管是经济上或其他方面。相反,他们的公司越来越关注短期,直接的经济业绩。

通过给管理者些许补偿,公司可以传递这样一条信息,在公司各层,学习都是受到重视的。

2. 提升自己

洛伦·加里

2. 提升自己

洛伦·加里

姆·史密斯(Tim Smith)是波音公司的一级经理,他对于如何在不断变化的时代进行领导有些许心得。在9·11之后的两年中,公司小型化的趋势不断加强,而一开始他从事的是管理工程师的工作,到了现在变成管理小时工,而最近他又收到一项特别的指派,需要整合各项操作并将他们重新分配到各个小工厂——公司内和公司外的。而他在过去的14个月中手下有五个不同的经理。

为了将现在遇到的挑战变为学习的机会,同时也为了将来自身的发展,史密斯参加了波音公司的"中间站计划"。这一计划发起于2000年,在这个10年计划中,将会有120名来自于不同管理层的志愿者参与其中,他们将共同寻找一种办法将现场救火的经验转变成为刻意的领导能力提升过程,最终使得公司的商业目标得以实现。在培训经费十分短缺的年代,波音就开始用一种全新的目光来审视领导能力的发展问题。

对于"中间站计划"以及其他的领导能力发展计划究竟能带来什么，我们还要进行进一步的探索。

波音公司领导能力中心的职员在过去的一年中与志愿者进行了多次交谈。他们的发现都公布在一个互动网页上，波音公司所有的经理都可以访问这个网站。通过这个网站，他们还可以作资产评估、设计人力发展计划并且确定培训和拓展任务。

参与"中间站计划"不仅为史密斯提供了一个了解有价值的知识的机会，同时也能帮助他确定主要的发展目标。为了在现在的岗位上表现优秀，他参加了提升业绩的课程。而为了进一步提升自己的位置，他还参加了乔治华盛顿大学一个200小时的管理课程，以及一个为期两周的旨在学习更多关于战略领导知识的课程。

是什么让"中间站计划"在大公司中变得如此迫切？随着那些以获得或保持竞争优势为目的的发展项目越来越受到青睐，很多公司指导的"推进"计划都开始有了市场。在这些项目中，公司会选择一小部分有潜力的管理人员让他们有机会接受特别培训并构建自己的人际网络，依次让他们接触更高层的任务，然后小心地监控这一过程。

但是如果参与者并没有全身心地投入到学习当中，这些推进计划可能也就退化成一种文凭培训。最终，那些成功的公司都是将传统的推进培训与自我指

导的推进方法相结合,这样参与者就有了更多的选择和更高的灵活性,而且对于自身的发展也会更上心。"中转站计划"是波音公司的一个开创性的尝试,通过这一计划能够开发出新的工具来支持个人学习。通过向所有经理人开放这种知识,公司希望将这种学习制度化。

波音公司的一项近期调查,为希望实现自我发展的经理们提供了有价值的建议:

1. 关注工作而不是课堂

"对于所有的领导能力开发来说,真正的动力是工作本身。"巴布森学院组织行为副教授詹姆斯·M.亨特(James M. Hunt)说,"在完成挑战性任务的时候,学习自然而然就发生了。"

对于所有的领导能力开发来说,
真正的动力是工作本身。

在与中间站计划的参与者访谈的时候,这一点就已经明白无误地表现了出来:他们反映,80%的领导能力的发展都来源于工作活动和经验,而不是课堂。特别是在 BLC 作领导能力研究的保罗·约斯特(Paul

Yost)说,这一研究重点提到了 16 个领导发展的关键事件。其中有:改变一个单位或集团的方向,从零开始发展业务,将视线从生产线转移到员工身上,处理问题员工,处理自己的失误和错误。这一项目的核心包括一个知识库和拥有相关经历的经理们的建议。

2. 寻找个人利益和公司战略的集合点

"你在领导能力开发方面的努力一定是受到了公司战略的驱动,"玛丽·曼尼恩-普伦基特(Mary Mannion-Plunkett)是 BLC 的研究、评估和沟通高级经理。她说:"如果商业机构将发展活动视为与完成工作目标无关的活动,他们就不会将此进行到底。"

但是成人教育的一个最基本的观点就是你不能让别人干他们不愿意干的事。个人目标与完成公司目标之间是有冲突的,而解决这一问题的办法就是找到二者之间的结合点。BLC 的中间站训练就能让经理们开发出适合自己的个性化的发展计划,从而解决这一问题。在了解了处理特殊状况所需的能力和经验后,经理们可以选择他们最感兴趣并且得到如何获得这些能力和经验的建议。

即使这样,经理们的动机也是十分现实的,亨特说,"为了成为领导或者获得更高的工资,人们需要学会一些东西,如如何处理冲突,而这些可能并不是他们喜欢做的。"

3. 记住公司是动态的——而领导公司所需的技能也是

"如果你想确定成为理想领导的所有能力然后照此来规划如何获得他们,那可能会没有任何意义,"约斯特说,"市场和技术的变化都太快,以至于你几乎很难跟上它。"相反的,你应该在前一年就确定下一年要取得更大成功需要什么样的领导能力。像企业家一样思考总是非常重要的,而且近几年在波音公司这种技能变得尤为重要,因为飞机的销售量一直在下降,而波音公司也一直在寻找办法开发更多的服务以同时满足军用和民用市场。

你应该从更广的角度来审视公司的发展战略,并且考虑为了实现战略目标自己需要什么样的能力。举例来说,想想在什么环境中让你的下属追求利益会有意义,虽然这在现在还不是主流,但在将来可能成为主流。

4. 知道什么时候出手

虽然推进计划有这么多的优点,但也有不起作用的时候。"当经理们从一个级别升到另一个级别,或是在刚刚合并后,一个企业试图合并两种企业文化时——我们会发现在这种过渡时期,通过推进计划让我们可以推广新的企业文化是十分重要的。"尼恩-普伦基特说。

此外,中间站计划还确定了要想让工作走上正轨经理们需要训练的六个方面。其中包括:不要接受那些让你不能舒适地工作的任务;不要接受那些危险性高的工作;不要向内或向外发展关系网等。波音公司的培训计划包括让大家来讨论怎样才能在事业中避免这些潜在的困境——以及如何让你的直接下属避免陷入这些困境。

5. 现在比以往任何时候都应该自己为自己的发展负责

为有潜力的经理们开展的推进计划仍然是大多数公司领导发展计划的核心部分。但是北伊利诺伊大学

管理学教授乔恩·布里斯科(Jon Briscoe)和伯明翰青年大学的布鲁克·德尔(Brook Derr)的一项对财富200强公司的研究表明今天个人对领导能力的发展有了更加深刻的认识,并且也有了更大的热情。"对于最低梯队,管理层的年龄大约在38岁左右,对他们来说有更多机会实践,同时自我指导下的学习机会也比以往要多,"德尔说。但是对于那些有很大潜力的经理们,通常40岁左右的人也有了更多提升的机会。他补充说:"对于那些潜力大的经理们,有很多更直接的方式来让他们相信在高层还有很多机会在等着他们。"

过去,被选中参加推进计划的人是少之又少,德尔认为。为了引起老板的注意,那些有抱负的经理们必须利用公司提供的任何发展机会。值得高兴的是今天获得提升领导能力的机会是十分透明的。德尔说,"公司都在试图让你明白,如果你想在将来成为领导,你今天应该做些什么。"

3. 快速进入角色

埃里克·麦克纳尔蒂

3. 快速进入角色
埃里克·麦克纳尔蒂

虽然这样做十分容易造成混乱、代价昂贵,而且这种情况是可以避免的——但是多数执行官甚至都不会想到这一点。这是一种错误的管理过渡。

通常执行官们每隔两三年就要换一次新工作。在每一次工作过渡中,执行官们都需要花六个月甚至更多时间来完成从一个门外汉到生产者的转化。想想在任何一个大中型企业中所要发生的变化的数量,还有那些关键人物为了工作优化所进行的变革,这都会变成公司价值被坐吃山空的危险。

这并非耸人听闻。而且越来越多的公司已经认识到了这一点。

不管是好还是坏,公司都变得越来越像一个体育团队:它们希望得到明星式的任务从而立刻就能改善业绩。因此对于执行官们来说,他们面临越来越大的压力以尽快完成从门外汉到行家里手的转变。

如果执行官们需要更大的动力来实现更快的转

换,那么他们需要知道在前三个月中应该做些什么,哈佛商学院的教授迈克尔·沃特金斯(Michael Watkins)说,这将在很大程度上决定他们在今后能否获得成功,不管是从短期还是长远来看。在他的《最初90天:各层新领导的重要成功策略》(The First 90 Days: Critical Success Strategy for New Leaders at All Levels)一书中,沃特金斯阐述了很多新领导的弱点以及现在用什么样的策略能够战胜这些弱点,此外他还阐述了一些如何在重要的过渡时期营造有利形势的战略。沃特金斯以及其他专家的著作都表明成功完成过渡有四个关键因素:

1. 制订学习计划

对于沃特金斯来说,过渡失败通常是因为很多公司都有"沉下去或游下去"这样的思想。他建议新领导要先发制人,并且在工作的第一天之前就规划好正式的学习计划。它应该包括市场、产品、客户、科技、系统、结构以及文化和政治。

"熟悉一个新公司就像用消防龙头来饮水,"沃特金斯说,"你必须专注、承担起应有的责任,并且对于决定要学什么以及如何有效地学有一个系统的认识。"

你需要在一大堆信息中寻找以得到对你的现状最

完整最正确的描述。你需要从你的直接领导、直接下属和同僚开始,但是还要确保把销售、供应、客户、分析、分销和一线员工都考虑在内。同时也要知道哪些人能够促成多个部门的整合,哪些人最了解公司的历史。对于不同的人群,你都需要确定不同的学习目标。

2. 提升自我

当乔治娅·纳迪(Georgia Nardi)被提升为美国中部一家市值五千万公司的CFO时,她将其视为一项重要的工作。她带着热情走上了工作岗位并且成功地完成了一项重要的短期项目。然而不久以后,提升她的那些人开始自问提升她是否是一个错误。纳迪背上了不负责任和无组织的恶名。

那么纳迪在没升职之前是否就有这些迹象呢?他们是否选错了人?不,但是那些选她的管理者显然犯了一个大错误。他们太急于让她承担那个重要的短期项目,于是他们在找到替代人选之前就提升了她的职位。这样纳迪不得不在完成新工作的同时兼顾原来的工作。扮演"英雄"几乎使她的事业一败涂地。

这种失误是很常见的,沃特金斯说。你必须提升自己——明确区分新工作和旧工作,不但自己脑子里要清晰,同时也要让你的老板、下属和同僚们对你有较高的期望。为了在新的工作中取得成功,她说,你必须全身心地投入,也就是说让过去成为历史。

3. 寻找圣牛

当阿利斯泰尔·格林菲尔德(Alistair Greenfield)被任命来帮助一个刚开始创业的企业成为一个大型生产企业的时候,他发现了一种无法持续发展的商业模式,于是他飞快地制订了一个思路清晰的发展计划以使企业明白这一点。他的发现并没有被企业很好地接受,他的重要反馈也被人忽视。

"我不太懂非正式的权力结构,"格林菲尔德说,"我需要制定严厉的决定并且给公司的管理层带来不好的消息。受到我批评的官员是公司的老员工,在公司的高层有很强的影响力。他有能力在我还在树立自信的时候给我下绊子。"

不成文的规矩、一成不变的公司成规,还有权力的非正式网络都是新手们潜在的雷区。这就是为什么要在一开始就打造关系和合作的原因。

> 一开始就打造关系而建立
> 合作是十分重要的。

格林菲尔德的任期很短,但是他虽然离任了却学到了非常重要的一课。"在下一个职位上,我会从打造关系入手,"他说。"我将找机会来帮助别人,这样他们也会在我需要的时候来帮助我。"

按照纽约的执行教练伊丽莎白·麦卡伦(Elizabeth McAloon)的话来说,"如果有人能站在你那一边并为你提供有效的帮助是十分重要的——他们可以在你事业的起步阶段帮你分析大量的信息、经验。

4. 打造你所需要的团队

当马克斯·米勒(Max Miller)被提升为南部一家中型企业的工厂主管的时候,他面对的是新领导可能遇到的最麻烦的状况:你所继承的团队必须离开。像格林菲尔德一样,米勒带着别人很高的期望开始了新的工作:他是公司内部提升的员工,并被指派运作一个有着辉煌历史的单位。在开始工作之前,他没有作太深入的调查,并且想当然地认为如果公司知道问题在哪,他们就会告诉他。

还不到一个星期,他就认识到他的团队没有这种能力,而且在公司和团队之间有很多严重的价值偏差。因为过去公司的财务状况一直很好(这得感谢他们锁定了一个大的利润丰厚的客户),这些潜在的问题也就一直没有引起公司的重视。让情况变得复杂是公司人事部门惯用的自保手段——因为他们害怕因为这些问题而受到责罚。

克里斯蒂·威廉姆斯(Christy Williams)是总部设在丹佛的 RHR 国际咨询公司的咨询师,他说从这里我们可以学到两点经验。"第一,如果你是从内部提升起来的,你要把自己当成外来者。问严厉的问题,考察各个机构,与客户会谈,这些你都要能做到。第二,不要认为你必须用现有的人员来使业务得以运转。你可能会接收别人的包袱,但是不要在 18 个月之后才想起处理它。"

"组建适当的团队并且保证尽快获胜是完成过渡的两个关键,"沃特金斯说,"在这个案例中,米勒似乎十分明智地作出了果断的决定,既然在你决定他人的去留之前有 90 天的时间,那么你将会有足够的时间来对每一个人作出评估,测试他们的判断,让他们来针对你作出调整,看看他们是否适合实施你的计划。"

有一点十分重要,你必须要牢记。那就是不光是你在完成过渡。你的新老板,你的老上级(如果你是从内部获得提升的),你的直接汇报者,以及相关部门的人都会受到影响。

你需要这些人的信息和信任。你升职或被雇用不是因为你知道所有的答案。即使你知道很多，人们还是有一个基本的需求，即在完全接受你的领导之前，他们觉得自己是受到尊敬的。信任和影响力并不会自动来到。

过渡是一个令人兴奋的时期，也是一个困难的时期。公司和新领导都要投入很多以完成这一过渡，通过积极、有策略地管理这些投入可以大大提高成功的机会。

4. 赢得精彩

珍妮弗·麦克法兰

4. 赢得精彩

珍妮弗·麦克法兰

《追求卓越》的作者吉姆·柯林斯说,"一个领导的基本责任就是要确保她的继任者比她在任期上干得更加成功,并由此形成周期。"

如果是这样,那么很多领导——特别是那些最受尊敬的领导——都逃避了部分责任。此外如何解释一个大家都接受的事实:人们都不愿意成为受人爱戴的领导的接班人,而愿意成为受人爱戴的领导。

向新领导岗位的过渡是一个艰难的过程,而代替一个传奇人物将会使这种挑战更加困难。"那些伟大人物所领导的人都不可避免地都要经历一段伤心时光。"哈佛商学院副教授沃特金斯说,"没有人可以代替他的位置,你连想都不要想。"他这么说倒是很轻巧。然而,现实是你很难不掉进这样一个陷阱当中。毕竟,每个人都崇拜他,难道你就不想让每个人也崇拜你?

那么,撇开这些不说。如果你能比你的前任做得更好,那当然会有好处。可是这也是一片充满了意外的雷区。如果你不能用自己的方式提前发现并且标记出来,那么你就会发现你会被这些地雷炸得体无完肤。下面是一些排雷的办法。

吸收那些受人尊敬的领导的财富

"完成你的家庭作业,"斯塔博领导能力咨询公司的客户发展主管迈克尔·桑德斯(Michael Sanders)说,在你开始工作之前,"与你的前任好好谈谈"。否则,你可能不知道"如何尽早作出妥善的决定,这样会让判断损坏自己的威信。"沃特金斯在他的《掌控你的新领导角色》(Taking Charge in Your New Leadership Role)一书中这样写到。与即将离职的领导谈谈他留下的财富——他的成就和他的好名声。和他谈谈他的领导方式并且评估一下他的团队。这些会帮助你找到问题之所在,同时也会让你明白那位受人爱戴的领导是如何处理一些特殊状况和人事问题。

你也可以和那些将要成为你的同僚和直接下属的人谈谈相似的问题。他们最看重你前任的什么优点,为什么?在困难来临的时候他会怎么做?他有什么缺点?你可能不会得到直接的、解释性的回答;但即使是这样,你也可以从你所获得资料中作出推断。除此之外,你还将了解到你的前任是一个什么样的人。这种

理解会帮助你更好地判断你将进入什么样的环境。

上千人帮助的天才和五级领导
两家药品连锁店的传奇

杰克·埃克尔德(Jake Eckerd)是埃克尔德帝国的创始人,"他有一种天才的本领总是能选准那些值得购买的店铺。"吉姆·柯林斯在《追求卓越》一书中写到。与此相反的,科克·沃尔格林(Cork Walgreen)是沃尔格林连锁店的创始人,"她有一种天才的本领总是能选出那些值得雇用的人。虽然杰克·埃克尔德有一种天赋知道什么地方适合开店,而科克·沃尔格林则有一种天赋知道什么人应该在什么位置。"然而埃克尔德却有一点失败就是没有选好继任者。"这是任何一个执行官都要面对的最重要的决策,"柯林斯说。"没有了她这种天才的本领,埃克尔德的公司开始走下坡路。最后被 J.C. 彭尼收购了。"但是沃尔格林"物色了一群优秀的继任者候选人,并从中挑出了一位明星继任者,而他最终的表现比科克本人还要优秀。"

埃克尔德就是柯林斯所说的那种典型的"有 1 000 个人帮助的天才"。有这样的人领导的公司"有一大堆人来排着队等着要帮助这个伟大的天才",这种帮助机制更有可能存在于天才领导的大脑中,而不是执行团队的集体会话和智慧中。沃尔格林就很好地诠释了柯林斯所说的第五级领导。这样的人不但十分谦虚而且有很强的职业愿望。有一千个人来帮助的天才说明的是第一步应该干什么的问题，而第五级领导说明的是执行团队应该先选什么样的人的问题。

有趣的是，领导们经常由于不同的原因而受到尊敬。员工们可以对每一种领导都存在好感。不要想当然地认为员工崇拜你的前任是因为他达到了第五级圣徒的地位。你需要自己发掘你将要继承的领导方式。这时你必须要做到，因为继承了什么样的遗产，你需要采取什么样的措施很大程度上取决于你发现了什么。

将继任视为接任

你为什么要选择成为替代品？你能带来什么新动作？你的新下属可能会将你的使命视为继续前任的成功。但是你的职责是不一样的，有一点，对你的财物或经济上的期待可能会大大提升。你不能一直按部就班，而是要开创自己的领导方式。可能在你的新团队中还存在着潜在的问题，但是由于你的前任所受到的尊敬，可能会使高层忽视这些问题，而你已经选择了承担这些问题。这里我们暂且假设你已经决定接受挑战去调和你与前任之间由于领导方式上的不同而引起的紧张,如果这一点确定了,那么下一步也很明朗。

说清自己的要求

这可能会很难,如果你的要求会改变任何现状。当戴维·马克斯韦尔(David Maxwell)成为房利美(Fannie Mae)公司 CEO 的时候,公司每天在业务上的损失达到了一百万美元,房利美需要新的战略。但是马克斯韦尔,也就是柯林斯说的那种第五级的经理,他知道"谁"比"什么"更加重要,换句话来说人事问题应该放在比战略更加优先的位置来考虑。"戴维坐下来与每一个人都进行了单独的谈话,然后他翻阅了他们的个人纪录。"柯林斯说。"他主要说,'看啊,我想让你自己想一想这会有多么苛刻。如果你认为你不会喜欢它,没关系,没有人会因此而恨你。'马克斯韦尔很清楚地表明了一点,只有那些全力以赴的人才有可能在他那里得到位子。那些不想做得更好的人最好现在就下车。"

仔细地标示出你和前任的要求有什么不同,并且帮助你的小组了解这些标准都是为了要应对将要遇到的挑战,是需要重视的。当然,他们肯定会问"但是他是那样做的",这也说明他们有很强的欲望想要模仿你那受人爱戴的前任的做法。你要尽力地控制这种冲动，并借机详细地描述自己的领导方式。

挑选合适的人

想想你的每一个小组成员的贡献和表现。谁和你是同路人？谁应该在什么位置？沃特金斯说，"有一个很常见的缺陷就是让那些表现一般的下属认为你的领导方式会有所不同。"其结果就是：你会"为了补救团队的弱点而浪费了宝贵的时间和精力"。给你的下属一个机会使他们能够跟上你的步伐并且适应新的标准。但是不要等太久还迟迟不作决定，一些人必定是要从车上下去的。

而且，如果有人主动要下车，你也不要感到惊讶。桑德斯就曾经这么干过一次。"我以前还从来没有辞过职并且还能感觉这么好——因为我不再受到控制了。"根据他的经验，桑德斯建议他的客户以同样的态度来对待他的直接下属。"我会告诉他们，如果他们中有任何人觉得不能在这样的工作条件下工作，我对此会表示十分理解。是你请求他们离开的，"他说。"他们需要在心理上感觉正常一些，而一个好的领导能够帮助他们做到。我会鼓励我的执行官们花点时间和那些想解决这件事情的人在一起。但是你需要在不伤害

他人人格的前提下让他们离开，所以他们还能够觉得自己是有价值的。"

当然，你可能希望事情根本就不要发生，"这也是为什么内部提拔的领导比外来领导更能有效地建立起工作关系的原因，"柯林斯说。看到有能力的人被淘汰出局是十分难过的，而且你还要重新找人并且对他进行培训。但是到最后，只有那些愿意按照你的要求来工作的人才能发挥出价值。

参考阅读

Good to Great: Why Some Companies Make the Leap...and Others Don't by Jim Collins(2001, HarperBusiness)

Taking Charge in Your New Leadership Role: A Workbook by Michael Watkins (2001, Harvard Business School Publishing)

有效领导

第四部分

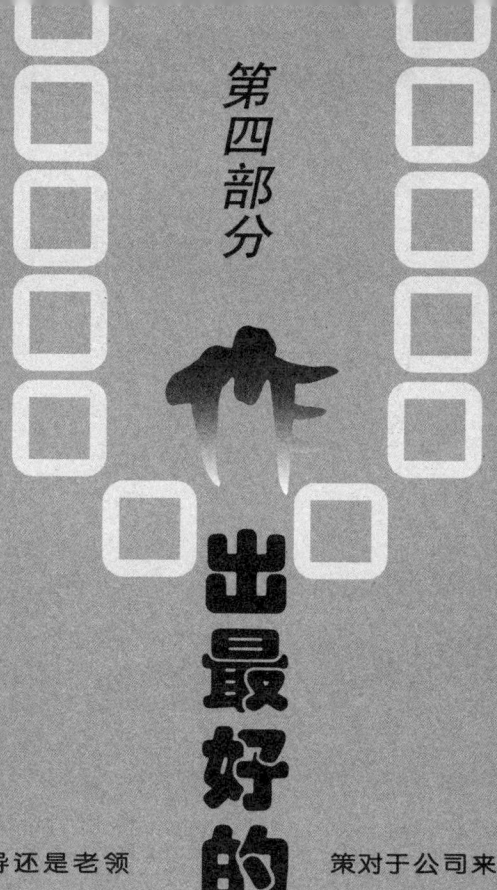

作出最好的决策

不管是新领导还是老领导,现在作出决策变得比以往任何时候都要更复杂。领导们必须快速作出决策——通常手头上的信息都十分有限。在本章中你会发现,领导们需要掌握新的决策方法以跟上时代的步伐,同时也要确保作出的决策对于公司来说是最有利的。举例来说,你需要面对更多的不确定,希望找到不一样的团队运作方式。你也希望从各个层级收集更多的信息为关键性的决策服务,同时在着手实施决策之前掌握如何抓住快速确定决策理由的技巧。

1. 当今领导的三项技能

1. 当今领导的三项技能

领导能力是管理学文献中研究最多的主题,但它还是那么让人难以琢磨。什么是领导能力?领导们都做什么?完成从管理者到领导者的转变需要掌握什么技巧?这些都是难以回答的问题,特别是领导能力本身一直都在变化,但是还是有一些人在尝试提出新的答案。

1999年,一些管理学的思考者和来自于私人企业和非营利性组织聚集到一起来参加一个由领导能力创新中心(CCL,center for Creative Leadership,一个位于北卡罗来纳州格林斯博罗的智囊团)举办的研讨会。这次研讨会的目的是为了审视当前领导能力的实践和需求。在很多企业中变化的环境要求领导者开发出新的技能和新的设想,这一问题是与会者主要关注的问题。

这样的变化中有一个是决策的制定需要越来越快的速度。快速、简单的信息获得方式可以让企业(和竞争对手)以极快的速度来运作。其结果是 CEO 和领导团队都受到了信息转化的压力,因此决策速度也相应地加快了。"领导者的一个目标就是进入角色,并且在所有累计的信息、观点和冲突中找到合适的模式。"CCL 总裁约翰·亚历山大(John Alexander)说,"但是你需要在巨大的压力下完成这些。"

领导们怎样才能在混乱中找到合适的模式,清楚地表达行动计划并且在组织内部就此进行有效的沟通——而且用足够快的速度来完成这一切?与会的管理学研究者和作家们主要关注了三项技能。

处理不确定因素

今天,市场形态是不明朗的,公司要保持正确的发展方向也是十分困难的。而所有的一切可能在不久就会发生变化。这一切也改变了领导能力的本质。

在相对稳定的市场中,领导可以被视为一个空想家,占卜未来——或者一个传奇的指挥官,他能给部队每一个具体的前进指令。这些领导的模型已经不再适用了。现在的领导必须面对不确定,甚至在前途一片黯淡的时候都要行动。没有人能给队伍每一个具体的前进指令,因为没有人能确定部队要走向何方。

> 很多执行官都把危机和意外视为
> 领导无能的表现。

如果忍受不确定是领导能力的一项关键技能,那么这将是一项大家都十分缺乏的技能,兰迪·怀特(Randy White)是一名社会学家,同时也是 CCL 执行发展计划的前执行官。他这样说道:"当经常谈到领导能力的缺陷时,人们都会指出领导在处理不确定时的困难。"但是怀特(现任杜克大学富夸商学院的副教授兼执行官、发展集团的负责人)已经有了一套可以有效处理不确定的工具——它被称为不确定建筑师——而且他认为这种技能是可以学会的。举例来说,如果评估表明经理倾向于用十分复杂的办法来处理一个清晰的项目,那么我们应该鼓励他看看同僚们是怎样处理相似问题的。然后他就可以要求更加困难的任务并且在这一过程中完善自己的领导能力。

管理整个系统

复杂的系统,如一个大型的公司都是非线性的。相反,他们通常都是一个多重关系联结的网络。因此执行官们如果想尝试用线性的方式来管理——从商业战略开始,然后是产品开发、生产、市场、销售,一切按部就班——那么他们都低估了他们要承担的责任。管理崇尚用一颗魔法子弹来解决公司一个方面的问题。例如,那些试图彻底重构系统的公司常常会发现系统的一部分又再次神秘的出现了。"重构运动的普及以及随后的失败都可以看做是古老的线性思考方式的后果。"戴维·赫斯特(David Hurst)(CCL 的访问会员)这样说道。他还是西安大略大学国立管理研究和开发中心的研究员。"那种重新开始的观点在复杂的系统中是十分荒唐的,而这正是重构的一个标志性概念。

赫斯特引用最近的认知科学领域的最新观点并试图规划出一幅不同的图画。商业发展通常在起步阶段发展速度都是十分快速的,然后就会引入管理系统来指导公司的发展。但是组织的生命周期并没有就此结束。危机和重生都是公司发展的一部分。面对突如其来的挑战,公司会创造出新的解决方法。这种形式的往复是良性的,反之公司就会灭亡。然而大多数执行者都把危机和意外视为缺少计划和领导无能的表现。

那么领导应该怎样做呢?你需要驾驭并且引导公司的变化而不是阻止它。这里赫斯特用了一个类比"受控的燃烧"来解释,这类似于森林的管理者烧掉一部分老朽的木头,然后灭掉那些不受控制的火势以免全部家当都烧掉。同样,商业领导也可以剪除一些发展计划,以免整个公司的发展陷入停滞。杰克·韦尔

奇在20世纪80年代初就要求每一个GE旗下的产业都成为市场的第一或第二,从而使GE的业绩扶摇直上,他本人也因此而一举成名。但是在此后每隔几年他都要发起一场新的革命。最终每一个GE旗下的产业都有了一个专门的"毁掉你的业务.Com"团队专门来负责重新创造公司的管理、运作和思考方式。

学习型组织的领导

今天的公司都把自己颠倒过来以增加活力。一些公司把决策权下放以便基层的员工对客户更有责任感。另一些则赋予团队自主工作的权利。所谓的学习型组织都试图开发各级员工的远见和智慧。所有这些革命性的安排都彻底地颠覆了传统的领导观念:权威不再集中在少数上层的领导手中。

这种领导数量和质量上的提升凸显了一个关于整个领导能力概念的事实,比尔·德拉思(Bill Drath)说:"领导能力是社会系统不可分割的一部分。人们加入各种组织同时也就进入了各种复杂的社会契约。从这个层面上来说,人们进入公司本身就参与了领导。"其深层意义就是:领导能力更像是公司社会体系中一个重要的部分,就像是一种个人品质中的一部分一样。改善一个公司的领导能力和决策能力不仅是雇佣一个

CEO那么简单,而是关系到组织化进程的大事。

那么这对于实践有什么意义呢?德拉思的工作就是为那些遇到领导困境的公司提供咨询服务,而他常常发现在经理中间有一个很严重的问题——那就是沟通不畅。举例来说,在一家大的电信公司,它的内部正在进行改革,需要对此作出反应,"他们的大部分会议都是围绕决策和解决问题而召开的。很快他们又会再次陷入困境,因为每个人都在鼓吹自己的解决方法而忽视了对他人观点的理解。"德拉思的处方是:通过"中间对话"来加强经理间的沟通;通过小组会谈来综合独立的市场描述,从而逐步建立对全局的印象。

这种讨论的技巧会改进整个管理团队的领导能力。"你可能听说过决策支持系统,"德拉思说,"我们试图发现的是这之前的东西。我们要发展'有意义的'支持系统。"

参 考 阅 读

"The Ambiguity Architect: Navigating Rough Water," Version 9.1 by Randall P. White, Philip Hodgson, et al. (1999, Lominger Limited)

The Future of Leadership: Riding the corporate Rapid into 21st Century by Randall P. White, Philip Hodgson, and

Stuart Crainer (1996, Pitman Publishing)

Crisis and Renewal by David K. Hurst(1995, Harvard Business School Press)

"Changing Our Minds about Leadership" By Wilfred H. Drath, in *Issues and Observations* (1996, Center for Creative Leadership)

2. 领导们应该让自己知道什么?

保罗·米歇尔曼

2. 领导们应该让自己知道什么？

保罗·米歇尔曼

朱利叶斯·恺撒（Julius Caesar）怎么会忽视别人对他即将遇刺的警告？为什么高级经理一再提醒要注意新兴的电脑制造商会瓜分康柏的市场份额，但康柏公司CEO埃克哈德·法伊弗（Eckhard Pfeiffer）却不予理会？为什么在《纽约人》（New Yorker）用五个专版、17 000字报道了《纽约时报》（New York Times）的前执行总编豪厄尔·雷恩斯（Howell Raines）疏远整个编辑室的行为后，这种行为还一再出现？

根据领导学学者沃伦·本尼斯的观点，如果我们要了解这些领导在面对危机时候的奇怪行为或不作为，我们必须首先审视他们处理信息的方法，特别是"他们让自己知道什么和什么时候让自己知道"。

> 如果因为好人们不愿听或不想听别人的意见而让我们永久地失去他们，那真是一场悲剧。

本尼斯是南加州大学商业管理学院的杰出教授，他同时还是哈佛商学院和哈佛大学肯尼迪政府学院的顾问。在过去的 60 年中，他一直致力于重塑我们传统的对于领导能力的理解。他通过考察我们的大脑如何和为什么接受或拒绝信息，特别是不确定的信息，为我们理解决策提供了一个框架。

最佳决策的障碍

本尼斯认为，在大脑中存在多个过滤器，它们能够确定信息的流动方向。这些过滤器控制什么样的信息可以进入意识的活跃区域，什么样的信息进入大脑的角落不再受重视。"出于不同的原因，大脑不会对某些信息进行干预，"他说，"对于那些你根本不愿意相信的信息你可能就会不处理。"如果是这样的话，本尼斯就有疑问了。为什么白宫执意要通过向伊拉克开战的法案，即使事后的证据表明高官们已经知道决策的数据有些根本是空穴来风。是不是总统坚定地认为白宫的决定是有利于国家的，从而使得支持他观点的信息战

胜了那些不确定的信息。

如果是这样的话,布什的决策过程就很好地解释了本尼斯关于控制信息的三个过滤器中的一个:"社会过滤器。"这种过滤器可以让领导人通过忽视某些信息来源而拒绝这些信息。"几年前当我还在阿布扎比的时候,我在那的一个同事告诉我一个在中东描述人们不愿听的词语。"本尼斯说。"他称之为'厌倦的耳朵'。"

再想想法伊弗,在康柏公司完全走下坡路之前,他曾经带领公司获得了将近七年不间断的发展。"他有一个 A 列表和一个 B 列表,"本尼斯说,"对任何法伊弗喜欢的战略,他的 A 列表说,'是的,先生','对、对,先生'"。"但是 B 列表却在说,'老板,我们可能应该看看 Gateway 和戴尔公司在做什么,因为他们抢走我们很多的客户。'法伊弗不听也不看证据。最终他甚至不愿见那些 B 列表上的人,因为他们总是带来不确定、糟糕的消息。他有了厌倦的耳朵。"

这样法伊弗刻意地将自己置于这样一种位置:某些特定的信息根本就到不了他那里,因为他根本就不想处理那些他所知道的事实?并不需要这样的,本尼斯说。他完全可以忽略任何他不愿意相信的信息,而这些信息有时候是真的。将这种行为与法律上所说的"视而不见"区分开来是十分重要的,"视而不见"指的是个人刻意地使自己避开某些信息以设计出对某些事实的忽略——举例来说,安然公司的前 CEO 肯尼斯·雷(Kenneth Lay)的行为。这里起作用的力量通常具有一种无意识的特点。

我们再来看看莎士比亚笔下的恺撒,本尼斯说。所有的证据都透着危险。"他的妻子梦到他浑身淌着血,强壮的罗马人在他的血里洗手。有一只猫头鹰在叫。一头狮子在大街上跑。这些在公元前44年的罗马可是很有说法的。

但是恺撒根本就没有理会这些预兆。他甚至不相信阿特门多斯多次要他注意卡休斯、卡斯卡和布鲁托斯的警告。"他为什么总是不注意呢?"本尼斯问。对法伊弗、伦雷斯还有其他许许多多犯了领导错误的人都可以问同样的问题。"如果因为好人们不愿听或不想听别人的意见而让我们永久地失去他们,那真是一场悲剧。"

如果说社会过滤器能让我们关闭对某些信息的接受能力,那么环境过滤器会让我们忽视环境的重要性。为了解释这一点,本尼斯引用了自己从1971年到1978年在辛辛那提大学任校长的经历。"为了打破僵局,我受聘为校长,我的任务就是让这所市属的学校成为一所国家重点大学。"他说,"我对于当地人来说基本是个外国人,他们认为我是来把学校偷走的。"于是80岁的小弗雷德·拉若斯(Fred Lazurus Jr.)(联合百货商店的创始人)给本尼斯提了一条好的忠告。"他说,'沃伦,这是一个真正保守的城市。别太显眼了,和你的同

事、学生多在一起。不要成为引人注意的人物。'"

但是本尼斯并没有真正试图了解当地的文化,当他的改革开始引起媒体的注意,他并没有保持低调。《辛辛那提杂志》(Cincinnati Magazine)就写了一篇专访,专门介绍本尼斯、他的工作以及和他的亚瑟王廷一样的家庭,他说,"我从某种程度上挺欣赏这篇文章。"他甚至还上了当地的电视主持了一档叫"本尼斯"的谈话节目。

这一点也不值得奇怪,这些十分明显的领导标志并不总是能够被支持者所接受,而他们的支持对于本尼斯的任务是十分必要的,这使得他作为改革者的使命更加困难了。

"在这里,环境给我上了一课,"本尼斯说,"我没有花时间好好地去了解这个城市——它的骄傲,它的历史。我没有花时间去好好尊重它。"

另一个有效地改变了环境的领导是惠普公司的卡莉·菲奥里纳(Carly Fiorina)。"她要面对三个难题,"本尼斯说,"她是一个女人,不是一个工程师,她是第一个不由惠普内部提升起来的高层领导。她是怎样从过去走到现在?"

菲奥里纳所作的就是细心地发掘了惠普丰富的历史,并能够以此为基础设计她的未来构想。举例来说,是她第一个用了戴夫·帕卡德(Dave Packard)和比尔·休利特(Bill Hewlett)小时候在车库玩耍的形象来作为惠普持续创新的标志。菲奥里纳所表现的对环境的理解让她能够摆脱环境过滤器的影响，使她不至于采用其他低效的方法来与惠普员工沟通她的理想。

本尼斯所说的第三个也是最后一个过滤器主要受到自我认知的控制：即你对自己的了解。为了解释这一点，本尼斯引用了自己的经历。

"出于多方面的原因，有些人必须在不确定的环境中工作，有些人则想知道我的主意是不是真的有效，我非常想成为一所大学的校长，"本尼斯说，"离开麻省理工学院可能是一个坏主意，这里几乎是我职业生涯的全部——带拐角的办公室、丰厚的年金——而且我同时还在 SUNY 布法罗担任教务长。"在布法罗的四年经历给本尼斯带来了他梦寐以求的机会——成为辛辛那提一所大学的校长。

> 缺少"对自我的了解是今天领导失误最常见也是最主要的原因，"本尼斯说。

在大学工作七年后，本尼斯在哈佛教育研究生院作了一场关于大学校长领导作用的演讲。"我为这场演讲作了充分的工作，我认为演讲非常成功，"他回忆道，"随后我还回答了听众的提问。"

保罗·耶维萨克（Paul Ylvisacker）当时是哈佛教

育研究生院的主任,演讲时他在房间的后面,他就本尼斯所说的"一个真正的不旋转球"提了一个问题:"'沃伦,你是否喜欢辛辛那提大学校长这个工作?你很喜欢当校长吗?'我当时确实被难住了……但是最后我终于可以看着他然后对他说,'鲍尔,我不知道。'"

随后,在返回辛辛那提的航班上,本尼斯意识到"保罗在我的眼中看到了什么,"那就是在本尼斯的内心深处还没有真正成为一名校长——他没有那种激情。本尼斯说,后来他意识到成为大学校长并不是"命运的召唤。"

在耶维萨克提问之后,本尼斯开始正视缺少自我认识这一问题,而这样做了之后,他发现现在他所作的决策与二十年前所作的截然不同。通过开放受到自我认识控制的过滤器,他获得了很大程度上的控制。

本尼斯说,如果领导们缺乏自我认识,他们的决策能力也会下降。不管你能接触到什么样的信息,如果你不了解自己——是什么驱使着你——对数据的曲解和错误使用程度就会大大的增加。

缺少"对自我的了解是今天领导失误的最常见也是最主要的原因,"本尼斯说。"这些年,我认识的很多有天赋的人发现自己正在带领一个团队向顶峰攀登,但是他们却不知道自己手中继承了什么资源。他们想成为 CEO 但是却不想做 CEO 的工作。这是我向所有的"有潜力的"领导提的第一个问题。你是否知道手上有什么资源可利用,你是否知道这个岗位适合你的技能或者能最好地展现自我。这也是我一直没有问自己的问题。

努力获得"全系列"数据

如果要理解本尼斯所说的三个过滤器的功能,建立一个关于周围环境的大数据库是十分必要的。让我们重新来回顾恺撒的故事,本尼斯在《CIO 洞察力杂志》(*CIO Insight Magazine*)开辟的专栏中写道,"明智的领导不仅知道如何前进,而且还知道他们的权力会使自己变得孤立。"他们随后会采取措施来防止在决策前后被孤立。但克拉克·克利福德(Clark Clifford)在越战时期接替罗伯特·麦克纳马拉(Robert McNamara)国防部长的职务时,"他开始与组织内部各个级别的人谈话,他不满足于听取直接汇报者的汇报了,也不满足于获取普通的情报。"本尼斯说。"联邦快递的 CIO 罗伯特·卡特(Robert Carter)就经常与他的下属一起召开圆桌会议,而且每个月都会与八个员工一起吃饭,通过这种形式在组织内部培育一种开诚布公的氛围。

本尼斯认为领导应该在决策之后和具体实施决策之前给领导团队一个机会来重新审视决策的原因。举例来说,在通用电子的董事会决定由杰夫·伊梅尔特

接替韦尔奇之后,在正式投票和宣布决定之前,董事会根据韦尔奇的建议用了三周的时间来检验决策。

领导们必须保证自己总是能接触到最完整最广泛的数据,本尼斯说,"我想最好的领导应该和亨利五世一样,"在战斗的前夕,"他脱下了皇袍,穿上普通战士的战袍,然后走进部队询问战斗的情况。"

3. 卓越人士的危险

罗伯特·B. 西奥迪尼

3. 卓越人士的危险

罗伯特·B.西奥迪尼

久以来,集体协商都被认为是在组织内部解决问题的最好方式,因为它可以得出最广泛的解决方案,这比大多数个人为自己提出的解决方案都要好。而最近伊利诺伊大学的心理学家帕特里克·劳克林(Patrick Laughlin)和他的同事进行的一项研究也表明,合作团体共同采取的方法和所得到的结果不仅要优于单个的团体成员,而且要优于单个团体提出的最好的解决方案。

这些发现更加强调了在解决问题过程中沟通的重要性,同时对于管理者以及团队中的一份子也是一个重要的提示。通常,一个有经验、有能力、有智慧的领导者都是团队中最好的问题解决专家,但是他常常会忽视团队其他成员的意见。同样危险的是,团队成员常常会将解决问题的责任推给团队领导,并且忽略了应该为领导提供决策所需要的重要信息。

这将会形成一个恶性循环,其结果带来的是非最佳的解决方案、糟糕的选择、错误的方向和可以避免的错误。

不要让它孤立

劳克林的研究告诉我们,即使是最优秀的问题解决者,其个人能力所得出的结论也比不过团体协作、用民主的方式所得出的结论。

首先,单个的问题解决者的知识和视野的广泛程度都不及包括他在内的多人团体。其他成员在他们的经验中可能处理过类似或相关的问题,这会使团队更加清晰和迅速地知道各种选择和他们的后果。而且,这种多样化的输入,其效果要远远优于个人所能提供的信息的简单叠加;同时它还能刺激思考的过程,使得问题的解决思路不再那么单一。

其次,问题解决者一旦落了单,就会损失一项很大的优势——并行处理的能力。尽管一个协作单位能够将任务分解成若干小任务下达给团队的个人,但是单个的操作者必须按秩序逐一完成任务。这种要求会将完成整体任务的时间大大延长。此外,它也限制了问题解决者的能力和精力,因为这些小任务通常包括一些活动,其难度(如信息整合)、耗费时间的程度(如在图书馆和网上收集资料)和单调程度(如事实检验)足

以吓退单个的问题解决者。

诺贝尔奖——天才为何失败

这些发现让我们想起了在一家刊物 50 周年刊载的一篇访谈,可能也是我们这个时代最伟大的发现——DNA 的双螺旋结构的发现。它是由诺贝尔奖获得者詹姆斯·沃森(James Watson)和弗朗西斯·克里克(Francis Crick)共同发现的。这次对沃森的采访目的是要获得一些表现二人共同努力最终解决问题获得成功的素材。

如果你是房间里最聪明的人,
那么你有麻烦了。

首先,沃森讲述了一系列并不让人感到惊讶的事实:他和克里克确定了一个问题作为最重要的主攻方向。他们对此充满了激情,并且一心一意扑到研究上。他们愿意尝试他们熟悉领域之外的方法,等等。

然后他又提出了一条他们获得成功的理由,这一条可有点惊世骇俗:他和克里克之所以能够解码 DNA,是因为他们不是这一领域最聪明的人。据沃森的描述,这一领域最聪明的科学家是英国的罗莎琳德

（Rosalind），她当时在巴黎的实验室工作。

　　沃森说，"罗莎琳德是如此的优秀，以至于她很少顾及别人的意见。如果你是房间里最聪明的人，那么你有麻烦了。"这一论述说明了一个很多善意的领导们也会犯的相似的错误。

机长负责制

　　另一个因为缺少合作而引发的错误叫做机长负责制。它不仅指的是那种领导总揽一切问题解决责任的趋势，同时也指团队成员将本应该自己承担的责任推给领导的趋势。

　　这一错误的名称来源于有多个飞行员的机组，虽然机长明显作出了错误的决定，却得不到纠正。事故调查人员多次发现在机长作出了明显错误决定的情况下，机组成员却没有及时纠正，从而引发的空难。

> 这里我们的建议并不是说在重要的
> 企业决策时采取投票的方式。
> 最终的决策理所当然地要由
> 领导独立作出。

　　下面是1982年在华盛顿国际机场附近的波多马

克河坠毁的客机对话记录：

副驾驶：既然我们还得在这待会儿，不如检查一下这些(机翼)顶部的冰。

机长：不用，我想我们很快就要降落了。

副驾驶：[查询了一下设备手册]可这看起来不对劲，不是吗？不大对劲啊。

机长：没有，没有问题的……

副驾驶：嗯，也许吧。

[飞机失去控制的声音]

副驾驶：拉瑞，我们在往下掉。

机长：我知道了。

[巨大的爆炸，机长、副驾驶和其他76人罹难]

机长负责制并不只局限于航空领域。在一项研究中，研究者测试了训练有素的护士在病人的直接医生下了命令之后是否愿意放弃决策的责任。为了进行这个实验，其汇总一个研究者分别给22个护士站打了电话。他先表明自己医生的身份，并且命令接电话的护士给病区的病人20毫克的阿斯特罗根(药名)。95%的情况下，护士都会直接到病区的药房，获得指定剂量的药品，然后到病人的病房去执行——即使这种药物还没有被批准给医院使用，用药的剂量超过厂商规定的日最高剂量的两倍，而且这一指令是护士从来没有见过的人下达的。

从他们的最终行为中，从事此项医院研究的研究者得出了结论。他们认为在完全职员制的医疗机构中，大家会很自然地认为他们会集中多个职业的智慧——如医生、护士和助手——来使决策保持最佳。但是实际上，就上面的研究来看，只有一种智慧起了主导作用，那就是医生的智慧。

显然，与医生的职业智慧相比，护士放弃了她们的职业智慧。其实这也是可以理解的。在上述情况中，主管医生本身是权威，而且处于权威的地位。

也就是说，医生，他首先是负责人，因此能够处置不顺从的职员。其次，医生所受的医疗培训要更加高级，这也使得他人会自动地认同他的专家身份。

由此，我们对于医院职员不愿挑战医生的权威也就不会感到惊奇了。虽然如此，我们对于他们的行为也有一些不安，不仅因为这种情况很可能就会出现在下一个我们要去看病的医院，而且也因为这种做法会影响其他的工作形态，其中也包括我们自己的。

对领导们的启示

从上述两种常见的错误中我们可以得出什么样的普遍结论呢？首先，正在处理难题的领导们——即使他们有客观正确的解决方案，即使他们有最好的信息，

即使他们经验最丰富——他们也必须与团队成员就此方案不停地进行沟通。也就是说，要建立一种体制保证合作交流可以进行，不管这种合作是否必要。只有傻子才会在这一点上冒险。

但是，对于合作型的领导是否还有其他冒险的形式？这种方法是否会增加集体决策低效性的风险？答案是否定的。

这里我们的建议并不是说在重要的企业决策时采取投票的方式。实际上，我们的建议不是在所有的情况下都采用联合决策。最终的决策理所当然地要由领导独立作出。领导们被高薪聘请，这也是他们的一项责任。其中最主要的理由是他们的经历表明他们比别人更适合领导这个位置。

而且，成功决策的关键在于领导们要避免在决策的过程中被孤立起来。而在决策的过程中，如果能够与他人合作，这对于决策者本身也是十分有利的。

如果领导们能够采取措施经常获得团队的输入信息，这样他们就能更好地获得问题的解决方案，那么他们是否会在这种交流中损失一些东西呢？比如，对于那些建议没有入选的人，如何保持与他们的关系并确保下一次还能让他们积极参与。有时候如果领导没有采用他们的建议，他们可能会感到自尊受到了伤害，并且感到泄气。

幸运的是，如果领导们在合作方面进行了努力，他们就能够采取措施提高合作的程度并且避免这种潜在的问题。首先，领导们需要鼓励每个人在决策过程中为决策作出贡献，同时让他们相信，他们所作出每一个贡献，有时可能不是决策的关键因素，但都是决策过程中不可缺少的因素。

其次，领导们必须承诺，每个人的建议，有时可能不会被采纳，但都是有价值的，都会受到领导们的重视。

这有时不一定要听起来像个保证或承诺，但是只要能正确地实施就够了。

第五部分 有效沟通

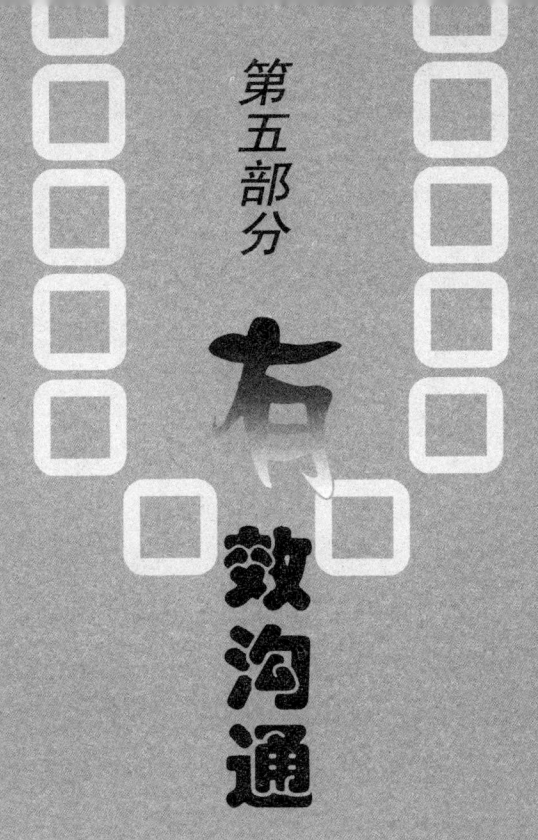

有效沟通是一种技巧,这种技巧使得有经验的领导从其他人那里得到有用的信息,从而帮助他们作出正确的决策、转变视野以及鼓励员工努力工作。这部分收集的文章介绍了有效沟通最基本的原则,如使用简洁的语言和有威慑力的事实,通过类比来阐述抽象的事物,并且用恰当的幽默来表达难言之隐。其他的沟通技巧包括确保每个员工都了解公司的文化观和价值观,提供能帮助员工加深理解公司战略的报告以及让员工知道你很珍惜他们的想法。

1. 语言：丘吉尔的领导之术

尼克·瑞顿

1. 语言:丘吉尔的领导之术

尼克·瑞顿

莎士比亚和马克·吐温一样,他也经常被他人引用。从富兰克林·德兰诺·罗斯福开始,美国总统一直把他作为鼓舞人心的榜样。他诙谐的言语已经深入到日常生活中了,比如:"最好的时机"、"血、苦役、眼泪和汗水"、"铁幕"以及"与往常一样行事"。

众所周知,温斯顿·丘吉尔(Winston Churchill)是以他在战争时期的领导而著称。作为英国首相,他几乎是只手号召全体英国人民来共同抵抗纳粹的攻击。从对英国皇室的最后的骑士式的责任到美国国会通过法案授予他美国荣誉公民的身份,他的一生都充满了传奇。

他的成就在很大程度上归功于他的沟通技巧。就像约翰·F.肯尼迪所说的:"他发动所有说英语语言的人民并使之投入战斗。"他曾在古巴、印度、苏丹和南非当过记者,在他的一生中,稿费收入一直占他收入的大部分。他的文章、演讲、书以及其他材料,加起来超过

300万字。他的作品不仅数量巨大,而且充满了天赋。1953年,丘吉尔获得了诺贝尔文学奖。

丘吉尔在早年就意识到了语言和领导之间的关系。他在23岁时写了一篇名为"修辞学的脚手架"的演讲稿,这篇文章直到他逝世之后才出版。这篇文章的开头是:"在众多才能之中,演讲是最重要的才能。"在这篇文章中,丘吉尔指出了演讲的五个元素:措辞准确,节奏,令人信服的论据,类比,言语的排比。从这五个元素足以看出丘吉尔演讲的力量,并且时至今日,无论是在政治集会上,还是在股东大会上,仍然大有用处。

1. 措辞准确

丘吉尔认为:"在修辞学的诸多技巧中,没有比持续驾驭最好的词藻更重要的了。"他始终坚持简单明了这一原则。他将"地方防卫志愿军"(Local Defense Volunteers)重新命名为"保家卫士"(Home Guard)。在他的批准下,飞机一词的英文由原来的"aeroplane"缩减为"plane"。

为了鼓励简洁用词,丘吉尔允许他的助手用不超过一张纸的篇幅来陈述他们的观点。

2. 说话的节奏

丘吉尔认为，节奏就是要在词语之间达到"独特的平衡"，从而使得平乏无味的诗听起来像抑扬顿挫的散文。为了确保说话的节奏，他都是把他所要写的东西口述出来。《如何在公众演讲时轻松自如：成功的关键》(Public Speaking Made Easy：Magic Keys to Success)一书的作者托马斯·蒙塔尔波（Thomas Montalbo)是这样描述丘吉尔的技巧的："他像作曲家谱曲一样表达他的想法。雪茄在他手上就像指挥棒一样标注他说话的节奏。他在不同的词组之间反复尝试，自言自语，反复权衡，试图以他喜欢的方式、节奏和幽默来更好地表达他的思想。"

丘吉尔非常喜欢诗歌，并且事隔多年之后仍然能背诵那些长诗歌。他曾尝试过用圣歌的形式来写他的演讲稿，以确保他的措词听起来像诗歌。1940 年 BBC 曾广播过的一首关于纳粹威胁的舞曲就介于散文和诗歌之间：

所有的人都希望在他们的机会消逝前，暴风雨能很快结束，
但我害怕——并且非常害怕——
暴风雨将不会结束。

它将会愤怒,也将会怒吼,而且是更大声,更强有力的。

它将传到南部;

它将传到北部。

3. 以事实为依据

此外,丘吉尔还建议积累论据,或者用一种"快速多变的语调和生动的肢体语言"来支持自己的结论。在1930年首次出版的《我的早期生活》(*My Early Life*)一书中,他把写作比做建房子:"首先要打好基础,收集资料,使之足以为你的结论提供支撑。"他阅读大量的资料,包括各种报纸,并且非常依赖身边的调研者。在纳粹进攻期间,政府内外的朋友们为他提供了有关德国武器装备的证据,以帮助支持他所有的演讲。

4. 清晰的类比和夸张

丘吉尔对类比方法运用自如。他在"修辞学的脚手架"一文中写道:"无论是把现有的事实用简洁的语言表达出来,还是用来表述一些未知的事务,'类比'都是修辞学中的'利器'。"

他运用气势磅礴的类比来鼓舞伦敦人民抵抗纳粹的入侵：

> 死亡和悲伤将会伴随着我们；困难是我们的外套；坚毅和勇敢是我们唯一的盾牌……在欧洲陷入黑暗的时候，我们的精神和事迹将熊熊燃烧并发出光芒，直到它们成为能够指引前进的灯塔。

5. 演讲者与听众的互动

最后，丘吉尔指出演讲者需要一定程度的"夸张"。仅仅有支持合理结论的论据是不够的。演讲者和听众必须全身心投入。如果有听众在哭，演讲者一定会觉得悲伤；为了激起听众的愤怒，演讲者一定要以愤怒的语气讲话。1938年纳粹占领了奥地利之后，丘吉尔用下面这些生动、满怀激情的话来鼓舞英国人民奋勇抵抗：

> 我们应该排除万难，号召我们的军队乃至全国人民团结一致共同对外；对于这样一个民族，只要唤醒它的勇气，就一定能够拯救文明。

对这些修辞要素的完美使用加强了丘吉尔语言的魅力，但也需要其他工具的支持，包括：

准备

丘吉尔的一位朋友曾经这样评论说:"温斯顿把自己最大的精力花在准备即席演讲上。"一个40分钟的演讲,通常要花6~8小时去准备。下院的讨论是针锋相对的,因此照本宣科是不明智的。虽然即兴演讲不是丘吉尔的强项,通常情况下,他都是事先背下演讲稿,只是偶尔看看提纲以作提示。

一次演讲,一个主题

尽管他运用了生动的肢体语言和气势磅礴的排比句,丘吉尔始终坚持一个演讲只传达一个主题,并且在结尾的时候还号召人们行动起来。《丘吉尔的因素:创造你最好的时间》(The Churchill Factor: Creating Your Finest Hour)一书的作者拉里·克里斯科(Larry Kryske)说:"演讲者经常会在同一篇文章中涵盖不同的主题。丘吉尔认为听众不应该对他所表述的思想有任何混淆。他正是通过集中主题做到了这一点。"

时间

丘吉尔是出了名的口齿伶俐。他对克莱门特·阿

特利（Clement Atlee）——英国劳工工党1945～1951年的领抽——的评论流传至今："他是一个谦逊的人，但还有很多事需要谦逊。"事实上，这些话语都是事先准备好以备不时之需。通常，在他的演讲稿中还会用铅笔在空白处表示该如何表演，比如说何时该"停顿"。蒙塔尔波认为他适时的停顿能重新引起听众的注意。"甚至清嗓子的时刻都是那么恰如其分。"

栩栩如生的道具

一根大雪茄总是伴随着丘吉尔"V"（代表成功）字形手势。每次出现在公众面前时，他总是借助于一根古巴雪茄来塑造其"丘吉尔形象"。此外，彩虹条纹领带和带铁链的马甲也是他形象的必不可少的组成部分。在下院讲话时，他总是非常夸张地从口袋里掏出一份"神秘"文件。这也难怪在1899年时，一位记者预测丘吉尔将成为"广告产业的奠基人"。

幽默

即使在英国最困难的时期，丘吉尔的讲话仍然充满幽默诙谐。有一次他说道："我们期待着即将到来的入侵，鱼儿们也一样。"他还带着讽刺意味地说过："我的锻炼方式就是为我的那些热爱运动的朋友们护送灵枢。"著名的幽默大师也是政治家 A. P. 赫伯特（A. P. Herbert）认为，丘吉尔的机智、说话时适时的停顿、咯咯的笑声、脸上带着稚气和恶作剧式的皱纹使得他胜过了英国历史上其他的幽默大师，比如诺埃尔·科沃德（Noel Coward）、P. G. 沃德豪斯（P. G. Wodehouse）等。

区分听众

在 1943 年哈佛大学校园进行的一次为促进英美关系的演讲中，丘吉尔说她的母亲是美国人，这也使得他具有英美两个国家的血统。他还引用了林肯第二次就职演说时的话："让我们抛弃前嫌共同前进，并向所有人致以良好的祝愿。"

交错配列

交错配列是英语表达中一种在倒装中重复某种元素的修辞结构。丘吉尔非常机智也非常尖锐地运用交错配列。当遇到财政部的大臣时，丘吉尔说："对于财政来说，任何一致赞成的都是不合理的，任何合理的都会遭到反对。"他有一次对斯塔福德·克里普斯（Stafford Cripps）——一位禁酒的素食主义者说："他身上有所有我讨厌的缺点，没有任何我欣赏的缺点。"

尽管丘吉尔擅长演讲,但他并不是一个天生的演说家。他因为口吃不得不去咨询声音专家,而且医生也告诉他口吃无法改变的事实,但是口吃是可以矫正的。因此,丘吉尔就将口吃变成他演讲的一部分,在有些时候故意停顿。最严重的时候,还发生过口齿不清的情况。丘吉尔的个人形象也不是让人过目不忘,他只有5.8英尺,还有点驼背。

但是他超人的记忆力、对英语语言的热爱以及不断修改以获得语句、声音、情感最佳组合的毅力,弥补了他所有的缺陷。

2. 当今领导沟通三秘诀

贾尼丝·奥布乔维奇

2. 当今领导沟通三秘诀

贾尼丝·奥布乔维奇

现在,有策略的沟通显得比以往任何时候都重要。员工希望能了解公司的发展规划,并且他们也认为自己将为公司的发展壮大添砖加瓦。这也就意味着,领导者应该重视沟通,并且让每个员工都理解公司的价值。

福莱希乐国际传播咨询有限公司(Fleishman-Hillard)前任副总裁罗伯特·麦(Robert Mai)和阿伦·埃克森(Alan Akerson)最近出版的一本书告诉领导者应该如何应对这些挑战。在《作为沟通者的领导:赢得忠诚、重视努力和鼓励创新的战略和战术》(*The Leader as Communicator: Strategies to Build Loyalty, Focus Effort, and Spark Creativity*)一文中,麦和埃克森认为,沟通不仅仅是领导者应该掌握的一门简单的技巧,还是领导者带领组织成功应对变革和动乱的能力。

作者认为,任何有竞争力的组织必须有三个目标:

1. 吸引和留住有才干的员工。
2. 在变革中保持稳定的步伐。
3. 通过不断的改革和创新使公司始终处于行业的领先地位。

为了达到这三个目标,领导者必须做以下三件重要的事情:

1. 创建和谐组织

首先,领导必须是"和谐组织的发起者",为员工创造一种信任、富有挑战性的工作环境。直接途径经常很奏效。

以土星(Saturn)公司为例,在这里,所有分支机构的管理者都非常欢迎新员工的到来,并且非常耐心地给他们讲解企业文化。从别的组织来的员工,由于从来没有与高层领导者单独谈话的机会,因此对此非常高兴。这种面对面的沟通给了员工信任感和安全感。这种方式与"海鸥"方式截然不同,"海鸥"方式是进入公司,抗议,然后离开公司。

和谐组织要求员工对组织目标有认同感。麦和埃克森建议领导者采用讲故事的方式来阐述组织目标并由此来传递信任。他们还建议,围绕主要竞争对手造

成的挑战来编剧本,将员工作为主要发展情节中的中心角色。

很显然,诚信的沟通很重要:当领导者坦诚沟通时,员工也会以同样的方式回报企业。因此,作者建议领导者使用清楚、直接的语言,避免使用委婉的说法。

如果一个组织没有互动的沟通,那也就不成为组织,因此,领导者必须培养他们的倾听能力。

2. 保持平稳的过程

第二,领导必须像一个"领航员",明确行动方向,激励员工正确的行为,尤其是在变革时期。

当中美能源公司(MidAmerican Energy Company)意识到自己正走向衰退的时候,它觉得它应该教育员工改变对竞争的看法。以前该公司一直对天然气和电力占绝对的统治地位,现在它也不得不在市场中竞争并维持其客户。

> 仅仅向员工解释组织目标是不够的。为了使员工努力工作,领导者还必须培养员工面对组织挑战的热情。

在年度总结大会上，公司的高层管理者与员工聚集一堂来讨论公司未来的发展，影响他们的是提供各种信息的工作报表，其中包括国家调控力度的减少、统计学数据以及可能出现的新公司的形态等一系列信息。由于参会人员对公司的战略和发展方向进行激烈的讨论，因此会议是十分热烈的。会后，公司的高层会再次根据这些工作报表召开小组会议。

通过这种方式，能使每个人都参与到这样一个过程中来，从而使得公司能够在商场这个变幻莫测的大环境中准确地把握全局并由此采取正确的行动。

领航包括三个步骤。首先，领导者必须引起员工的注意；然后，领导者必须明确行动方向；最后，领导者必须说服员工采取正确行动。为了做到这些，领导者必须培养员工面对组织挑战的热情。仅仅向员工解释组织目标是不够的，领导者还必须给员工陈述理由，并且考虑员工对变革的反应。他们还想知道什么呢？他们最关心什么？领导者怎样才能体谅员工的需求？

3. 致力于不断创新

第三，领导者必须是一个"不断创新的冠军"，并且还应该创建一个利于讨论的环境，在这里，讨论是件平常的事情也是有益的。员工应该能感觉到他们能自由发表意见，并且他们的意见受到了领导者的重视。

例如，在艾默生（Emerson）这样一个全球性的制造企业，领导者把作者所谓的"坦诚的对话"放到了一个相当高的位置。几年前，公司决定解除一些员工福利计划，其中一项就是要取消员工提前退休的保险。但是当一个员工直接告诉CEO这个计划是欠考虑的时候，CEO就决定重新评估这个计划。

作者还认为，如果公司中的员工认为高效的沟通是令人愉悦的，并且愿意与公司分享他们所知道的信息，那么这个公司一定会在市场中立于不败之地。

最后，麦和埃克森建议，领导者一定要谨记，沟通的内容和方式都是员工关心的。作者举了一个CEO的例子，这位CEO似乎能记住公司里5 000名员工的名字。当给这个公司作咨询时，他们注意到他走到一位新来的秘书身边对她作自我介绍。一周以后，这位秘书收到了CEO亲自写的便条，上面写着："祝你工作顺利！"这个便条带着美好的祝福传遍了整个公司。

作者将这位CEO与另一个公司的CEO进行了对比。由于对员工的工作习惯不满，后一位CEO给经理们写了一封具有威胁性的邮件，上面列举了如果绩效得不到改善他将采取的惩罚措施。这封邮件首先是在公司内部传遍了，然后又有更多的人读到这封邮件：它被贴到了雅虎网上，最终它成了《纽约时报》(New

York Times）商业版的头条新闻。

从这个事件中我们可以了解到什么呢？

麦和埃克森写道："如果什么事情可能在《纽约时报》上发表，那么就把它写出来，即使那仅仅只是可能。"

作者简介

作者简介

沃尔特·凯奇尔(Walter Kiechel),哈佛商学院出版社的总编辑

洛伦·加里(Loren Gary),哈佛商学院出版社《哈佛管理通讯》的编辑

罗伯特·S.卡普兰(Robert S. Kaplan),与戴维·诺顿(David Norton)共同出版了《战略图:将无形资产变为有形的产出》(Strategy Map: Converting Intangible Assets into Tangible Outcomes)(哈佛商学院出版社,2003)

约翰·欣茨(John Hintze),纽约市商业和财经新闻专业撰稿人

戴维·斯托弗(David Stauffer),《哈佛管理前沿》(Harvard Management Update)的投稿人之一

劳伦·凯勒·约翰逊(Lauren Keller Johnson),《哈

佛管理前沿》的投稿人之一

埃里克·麦克纳尔蒂(Eric McNulty),《哈佛管理前沿》的投稿人之一

珍妮弗·麦克法兰(Jennifer McFarland),《哈佛管理前沿》的投稿人之一

保罗·米歇尔曼(Paul Michelman),《哈佛管理前沿》的编辑

罗伯特·B.西奥迪尼(Robert B. Cialdini),亚利桑那州立大学心理学的评议员教授,他也是经典著作《影响:科学和实践》(*Influence: Science and Practice*)一书的作者

尼克·瑞顿(Nick Wreden),亚特兰大的一位咨询师

贾尼丝·奥布乔维奇(Janice Obuchowski),《哈佛管理前沿》的投稿人之一